Durch die Knochen bis ins Herz

Christoph Heubner

Durch die Knochen

bis ins Herz

Steidl

1943

Für

Kazimierz Albin
Władysław Bartoszewski
Esther Bejarano
Alex Deutsch
Liliane und Raphaël Esrail
Eva Fahidi
Dorota und Noah Flug
Benjamin Fondane
Hans Frankenthal
Heinz Galinski
Rosa und Maurice Goldstein
Kurt Goldstein
Albert Grinholtz
Kurt Hacker
Paul Halter
Hannah und Roman Kent
Noah Klieger
Marischa und Adam König
Felix Kolmer
Leon Lendzion
Dagmar Lieblová
André Montagne
Berry Nahmias
Józef Odi
Alfred Oppenheimer
Angela Orosz-Richt
Edward Paczkowski
Józef Paczyński
Zofia Posmysz
Éva Rácz
Leon Schwarzbaum
Barbara »Basia« Sadowska
Kazimierz Smoleń
Justin Sonder
Marios Soussis
Erzsebet Szemes
Tadeusz Szymański
Marian Turski
Gabor Verö
Erna de Vries
Sonja Vrščaj
Elie Wiesel
und all die anderen …

»vernehmlich werden die Stimmen,
die über der Tiefe sind.«
Theodor Storm

Inhalt

Ihr müsst immer tapfer sein

Schon bald nach unserer Ankunft in Amerika fing ich an, mich für Tennis zu interessieren. An jedem Platz, an dem mein Bruder und ich vorbeikamen, blieb ich stehen, drückte mich an den Drahtzaun und beobachtete durch die Maschen hindurch die Menschen auf den Spielfeldern, bewunderte ihre weiße Kleidung, die Schnelligkeit des Spiels und die in meinen Augen unübertrefflich elegante Bewegung, mit der die Spielerinnen oder die Spieler den am Boden liegenden Ball mit dem Schläger am Fuß entlang hochzogen und er in Richtung der geöffneten Hand flog, die ihn fest und selbstverständlich auffing und umschloss. Außerdem liebte ich das Geräusch, wenn der Ball auf den Schläger traf. Immer war es Leon, der drängte: Komm, wir müssen weiter, wir können hier nicht ewig herumtrödeln. Murrend hob ich dann die schwere Tasche mit den Zeitungen und Werbeprospekten an, und wir drehten weiter unsere Runde. Einmal würden auch wir auf einem solchen Platz stehen, einmal würden auch wir dazugehören.

Später, als ich längst glaubte dazuzugehören, habe ich mir sogar neben unserem Haus auf dem Land einen Tennisplatz anlegen lassen. Das schien mir der Gipfel meiner Wünsche zu sein, und ich war dankbar, dass mir nach allem Schlamassel das Schicksal so gnädig war und mich sogar mit einem eigenen Tennisplatz beschenkte. Trotzdem ging ich zum Spielen auch in die benachbarten Clubs, in zweien von ihnen war ich sogar Mitglied. All das, was ich hier erzähle, beginnt in einem von ihnen, dem Lake View Country and Tennis Club, der genau elf Minuten Fahrtzeit von unserem Landhaus entfernt liegt. Vor vielen Jahren, nachdem in der Nachbarschaft gemunkelt worden war, dass jetzt auch Juden als Mitglieder akzeptiert würden, hatte ich sofort die Mitgliedschaft beantragt. Sie sollten doch sehen, was sie davon haben. Dass ich gleich in den zwei ersten Jahren meiner Mitgliedschaft Vereinsmeister geworden bin, erfüllte mich damals und erfüllt mich bis heute mit kindischem Stolz, so als hätte ich ihre Ignoranz und ihre Vorurteile endgültig in die Flucht geschlagen.

Im Lake View spielte ich oft mit Barry, der nur wenige Straßen von meinem Büro in Manhattan entfernt sein Geschäft hatte. Er handelte mit Fliesen und Kacheln, renovierte Badezimmer und reparierte Heizungsanlagen. Im Lauf der Jahre hatte er sich selber zugekachelt, er war stockkonservativ und beurteilte das Leben ausschließlich auf Grund seiner Umsätze. Wenn man ihn fragte, wie geht's, Barry?, hob er die Hand, zeigte vier Finger und sagte: Vier Angestellte. Was immer das heißen sollte. Aber er spielte ein verflixt gutes Tennis, so als liefe auf dem Platz der gute alte Barry herum, der Barry, den es gegeben haben musste, bevor er beschlossen hatte, sich mitsamt seinen Kacheln und Fliesen einzumauern. An einem Tag Anfang Mai hatten Barry und ich uns wieder einmal zu einem Match verabredet. Die Sonne brachte uns schon tüchtig ins Schwitzen, und als wir nach dem Spiel auf dem Weg zu den Duschen waren, die Handtücher lässig um den Hals gelegt, zeigte Barry beiläufig auf meinen Unterarm und fragte: Da, wo du warst, was gab es dort für Sportmöglichkeiten? Hast du dort mit dem Tennis angefangen?

In diesem Moment kam mir blitzartig ein Abend vor vielen Jahren in den Sinn, als Hannah, Eve, Ben und ich noch jung waren und uns regelmäßig einmal im Monat zum Dinner bei Katz's Delicatessen in der Lower East Side trafen. Auch das muss im Frühling oder Sommer gewesen sein, denn mein Freund Ben und ich trugen kurzärmelige Hemden und Hannah und Eve ärmellose Kleider. Bei keinem von uns hatten sie damals an Tinte für die Nummern gespart. Sie waren groß, krakelig und schwer zu übersehen. Nicht, dass es bei Katz's irgendwie aufgefallen wären. Dort saßen in diesen Jahren, die man ohne Übertreibung noch zu den Nachkriegsjahren rechnen konnte, viele, die auch Gezeichnete waren, aber dennoch entspann sich an diesem Abend zwischen uns vieren eine Diskussion, ob man sich die Nummer nicht doch besser entfernen lassen sollte, weil sie im alltäglichen, sommerlichen Umgang zu auffällig war und Menschen verschreckte oder auf Distanz hielt. Wir wollten nichts Besonderes mehr sein, wir wollten dazugehören. Das war alles. Es war Ben, der schließlich sagte: Auch wenn wir sie wegmachen lassen, wird sie nicht weg sein. Und es käme mir vor, als ließe ich meine Eltern und Geschwister im Stich, die dort geblieben sind. Ich kann sie nicht allein lassen. Sie lassen mich auch nicht allein. Das war das Ende der Debatte. Alle unsere Nummern sind geblieben. Und das ist der Grund, warum Barry nach diesem Match auf meinen Arm zeigen und seine Frage loswerden konnte.

Gleich nachdem ich vom Tennisplatz nach Hause gekommen war, rief ich Leon an, der mittlerweile Arzt am Mount Sinai Hospital in Chicago war. Ich erzählte ihm von Barrys Frage, die mich immer noch empörte, und hoffte, dass er in meine Empörung einstimmen und die Ignoranz dieser ahnungslosen und oberflächlichen Welt der Barrys mit mir verdammen würde. Aber Leon blieb ganz ruhig und sagte bloß: Erzähl ihm, wie es war. Setz dich mit ihm im Clubhaus an die Bar und rede. Du bist von uns beiden der Redner. Du musst es erzählen. Und du musst bald anfangen, sonst werden immer mehr solcher Fragen auf uns alle zurollen. Sie könnten auch fragen, ob wir beim Mittagessen die Wahl zwischen verschiedenen Menüs hatten oder ob sie für die Juden koscheres Essen angeboten haben. Oder ob wir Radio hörten und in der Lagerbibliothek Bücher ausleihen durften, ergänzte ich ihn. Wir lachten, und ich legte auf.

Jetzt lag der Ball bei mir. Und so machte ich mich am nächsten Morgen auf zu Barry, um einen Termin für ein Match und ein Gespräch danach zu verabreden. Er stand in einem dunkelblauen Overall hinter dem Ladentisch und suchte mit gesenktem Kopf etwas in einer Schublade. Wie wäre es mit einem Match am kommenden Sonntag und zwei Stunden deiner Zeit danach, fragte ich ihn, ich will dir etwas erzählen, hob meinen Unterarm etwas an und drehte die Nummer zu ihm hin. Barry war verlegen, er wurde sogar etwas rot und stand immer noch mit gesenktem Kopf vor dieser Schublade. Die ganze Sache war ihm offensichtlich peinlich. Hör zu, Sportsfreund, sagte er, als er den Kopf endlich ziemlich ruckartig anhob: Ich wollte dir nicht zu nahe treten, ich bin nur ein einfacher irischer Klempner, ich verstehe wenig von der ganzen Sache, und er zeigte auf meine Nummer. Ich war einfach nur neugierig und habe gefragt. Am liebsten hätte ich mir gleich darauf die Zunge abgebissen. Wie komme ich dazu, in deine Geschichte einzudringen. Ich entschuldige mich dafür. Schon ok, Barry, antwortete ich ihm: Was sagst du zu meinem Angebot? Ok, antwortete Barry bloß und fiel mit seinem Blick schnell in die Schublade zurück. Und ich ging hinaus auf die Straßen Manhattans, auf denen an diesem frühen Morgen kaum Autos und Menschen zu sehen waren, und hatte zum ersten Mal seit vielen Jahren das Gefühl, dass es möglich sein könnte, der Angst etwas Entscheidendes entgegenzusetzen und nicht nur diesen Straßen, sondern auch dem Leben zu vertrauen. Bevor ich losgegangen war, hatte ich mit Hannah und den Kindern gefrühstückt. Das war wohl der Grund.

Am Freitag vor unserer Verabredung rief Barry mich an, druckste erst um das Wetter herum und fragte dann, ob es nicht einfacher wäre, wenn wir zusammen zum Tennis-Club fahren würden. Er könnte mich am Sonntag nach der Messe abholen und wir hätten schon auf der Fahrt Gelegenheit, ein bisschen zu quatschen. Was dazu führte, dass ich wie geplant mit der Familie am Freitag zu unserem Landhaus fuhr und am Sonntag früh alleine nach New York zurückrauschte, um mich von Barry abholen zu lassen. Die ganze Sache begann mich zunehmend zu verunsichern, und ich fragte mich ernsthaft, ob ich mir von Leon nicht etwas hatte aufhalsen lassen, was meine Möglichkeiten überstieg. Barry war noch im Sonntagsstaat, als er vor unserem Haus vorfuhr, schwarzer Anzug, dunkelblaue Krawatte, und als ich in das Auto stieg, meinte ich, Weihrauch zu riechen, der sich im schweren Stoff seines Anzugs festgesetzt hatte. Wir hatten noch keine halbe Meile zurückgelegt, als Barry mit der ersten Frage loslegte, und die Verlegenheit, die sich zwischen uns hatte ausbreiten wollen, verdrückte sich in Sekundenschnelle. Warum sind die so groß, fragte er und zeigte mit dem Finger auf die Zahlen auf meinem Arm: Sieht aus, als hätten Kinder geübt. Und obwohl ich noch nie darüber nachgedacht hatte, wo der Anfang meiner Erzählung war und wie sich das alles in Worte fassen ließ, was wir erlebt hatten, begann ich zu berichten.

Womit habe ich angefangen? Dass zwei Jungen mit ihren Eltern und vielen anderen Ende August 1944 aus einem Zug geklettert sind – kein normaler Zug, Viehwagen, verstehst du –, sie heißen Roman und Leon und sind knapp fünfzehn und dreizehn Jahre alt. Der Fünfzehnjährige ist relativ klein, hat aber ein altes Gesicht. Der Dreizehnjährige steht mit dem Gesicht eines Kindes neben den Gleisen, aber er ist hoch aufgeschossen. So kommen beide davon. Ihre Eltern, die noch jung, aber hier schon viel zu alt und ausgezehrt sind, stehen schon auf der anderen Seite einer unsichtbaren Linie, die Leben und Tod voneinander trennt. Das aber wissen sie jetzt noch nicht. Leon dreht sich oft zu den Eltern hin und kämpft mit den Tränen. Ihr seid meine großen Jungs, hat die Mutter im Zug gesagt, ihr müsst immer tapfer sein, egal was kommt, und Leon will tapfer sein. Dann führt man sie davon. Die Eltern werden im Hintergrund immer kleiner, bis sie ganz verschwunden sind. Jetzt geht es um eine langgezogene Ecke, hier kann man vom Anfang des Zuges bis zum Ende sehen. Es ist ein langer Zug, der schließlich in einem großen Backsteingebäude endet, wo sich alle in einem großen kahlen Raum entkleiden müssen. Das alles geht nicht gemütlich ab, oder zivilisiert, sondern es wird gebrüllt, geschlagen und getreten. Und dann, Barry, stehen wir nackt in einer langen Reihe, die sich schnell vorwärts bewegt. Einige recken die Hälse, um über die anderen hinwegzusehen und zu erhaschen, was dort vorne vor sich geht: Eine relativ kleine Kammer, über deren Eingang die Deutschen freundlicherweise angeschrieben haben, wozu dieser Raum dient: »Haarschneideraum« steht dort, und das heißt, dass zwei Männer in gestreiften Anzügen auf dich warten: Der eine hält dich auf dem Stuhl fest und der andere schert dir in Blitzesschnelle mit einer elektrischen Maschine die Haare ab. Das tut weh, und wo sich die Maschine in deiner Haut verbissen hat, blutet es auch. Dann, Barry, wirst du weitergeschoben. Du kannst dich nur kurz umdrehen, ob Leon noch hinter dir ist: Jetzt sitzt er auf dem Stuhl, und die Maschine beginnt erneut zu surren und zu beißen. Ein paar Meter weiter greifen dich wieder zwei der Gestreiften, und jetzt Barry, musst du aufpassen. Der eine reißt deinen rechten Arm hoch, bis er etwa waagerecht liegt, und wieder wirst du festgehalten, wie ein bockiges Schaf. Der andere kommt näher mit seiner Nadel, und ehe du dich versiehst, hat er dir mit Tinte eine Nummer eingestochen, die irgendwo in einer Liste vorgegeben war, weder gerade noch schön, es sieht aus als hätte er die Zahlen geohrfeigt und dich mit dazu. Das ist jetzt deine Nummer, das ist jetzt hier dein Name, denn du bist kein Mensch mehr, sondern ein Häftling, ein Sklave, ein Untermensch, so wie ich und wie Leon auch.

Ich habe erzählt und erzählt. Die Worte stürzten aus meinem Mund, als wären sie über Jahre eingekerkert gewesen und würden jetzt in die Freiheit entlassen. Wie groß waren die Lager I und II, wo kamen die Züge an, wie viele Menschen waren in einem Waggon eingesperrt, was bedeutete die Selektion, aus welchen Ländern kamen die Menschen, warum die Juden, warum die Roma, warum die Polen, warum die Russen, waren Leute aus Frankreich da, aus Italien, aus welchen anderen Ländern: warum, warum, warum. Wir waren längst auf dem Parkplatz am Club angekommen, aber wir stiegen nicht aus. Barry hielt das Lenkrad des Wagens mit beiden Händen fest, er hatte sich in den Sitz gepresst und guckte geradeaus, so wie ich auch. Ich sprach von unserem Hunger, vom Dreck, von den Sterbenden und den Toten. Und von unseren Eltern, die wir nie wiedergesehen haben. Als ich von den Kindern sprach, hatte ich Angst, dass er das Lenkrad zerbrechen würde. Immer wieder gingen Clubmitglieder über den Parkplatz und schauten neugierig zu unserem Wagen herüber. Der dicke Dave, der für seinen watschelnden Gang und seinen schalen und glucksenden Humor bekannt war, rief zu uns herüber: Na, habt ihr da ein Rendezvous, ihr zwei Hübschen? Lasst euch nicht stören! Ich bin sicher, dass Barry weder ihn noch irgendetwas anderes gehört hat. Er hatte sich aus seiner gefliesten Welt aufgemacht und auf meine Erinnerungen eingelassen, er empfand mit mir und er litt wie ein Hund. Ich hätte heulen können. Und musste eine Pause machen, weil ich sonst genauso zu weinen begonnen hätte wie Barry, dem lautlos die Tränen die Wangen hinunterliefen, während er noch immer das Lenkrad festhielt.

Als die Stille schon einige Zeit gedauert hatte, fragte Barry leise: Hat sich denn niemand gewehrt? Da war einer mit einem Nagel, antwortete ich, als ich im Baukommando war. Ein polnischer Jude, so wie Leon und ich. Er war etwa fünf Jahre älter als ich und hieß Wolf mit Vornamen. Wolf kam aus Koło, nicht dass du das kennen müsstest, eine kleine Stadt im Westen Polens, an einem Fluss gelegen, der Warthe heißt und in die Oder mündet. Entschuldige, dass ich das hier so aufsage wie ein Gedicht, aber ich höre immer noch die Stimme von ihm, wie er beim Steineschleppen von seiner Stadt erzählt und von der Schönheit des Flusses, in dem oft Inseln aus Gras Richtung Meer geschwommen sind. Und obwohl Wolf eher ein mickriger und ängstlicher Bursche gewesen ist, muss er irgendwo bei der Arbeit einen Nagel abgezweigt haben. Das war natürlich verboten, und wenn sie ihn erwischt hätten, hätten sie ihn vielleicht totgeschlagen, aber Wolf hat den Nagel nie bei sich getragen, sondern in einer Mauerritze versteckt. Ab und zu, wenn wir für einige Minuten unbeobachtet waren, hat er mit den Augen schnell zur Sicherheit nochmal alle Richtungen abgesucht, dann eine kurze Drehung zu mir, Finger an den Mund, Psst, und schon ist er Richtung Mauerritze losgetrabt und mit dem Nagel am Ende des Appellplatzes um die Ecke von Block 6 verschwunden. Nach zwei, drei Minuten kam er zurückgerannt, der Nagel verschwand in der Mauerritze und er reihte sich zur Arbeit ein. Das habe ich über die Wochen, die wir gemeinsam geschuftet haben, immer wieder beobachtet. Und du kannst dir vorstellen, Barry, dass ich verdammt neugierig war, was um Himmels willen Wolf mit dem Nagel anstellte. Und so habe ich ihn eines Tages gefragt: Wolf, du weißt, dass es jedes Mal lebensgefährlich für dich und auch für uns ist, wenn du aus dem Kommando verschwindest, was zum Teufel machst du mit dem Nagel? Ich habe Angst, dass sie mich umbringen, dass ich das hier nicht schaffe, dass ich einfach verschwinde. An die hintere Außenwand von Block 7 ritze ich meinen Namen und meine Adresse ein, zusammen mit der Nummer, die sie mir verpasst haben. Verstehst du? Das ist mein Beweis. Ich habe kein Gewehr, aber ich habe einen Nagel, wenigstens etwas.

Angekommen, sagte Barry, die Botschaft ist angekommen. Sehr mutig, dein Freund. Weißt du, was aus ihm geworden ist? Bis Ende November 1944 waren wir zusammen im Kommando. Er muss Ende Oktober mit seinem Namen schon fertig gewesen sein, denn im November blieb der Nagel in seinem Versteck und wurde nicht mehr gebraucht. Alle Wege waren tief verschneit, und wir haben erbärmlich gefroren, so ausgehungert wie wir waren. Er hätte sich da auch nicht mehr vom Kommando absetzen können, denn sie hätten seine Spuren gesehen. Als das Kommando aufgelöst wurde, haben wir uns aus den Augen verloren, zwei Fäden, die sich kaum noch auf den Beinen halten konnten. Also im Lager habe ich ihn nicht mehr wieder gesehen, und ich wusste auch nicht, ob er die letzten Monate des ganzen Spuks überlebt hatte. Jahre später, als wir schon hier in Amerika waren und sich unser Leben langsam sortierte, trafen wir auf andere Überlebende, und so kam auch ein Kontakt mit einer Freundin von Hannah zustande, die in Toronto lebte. Hannah und Angela waren im Frauenlager in Birkenau in derselben Baracke gewesen. Angela war es, die uns schrieb, dass sie in Toronto mehrmals einen Überlebenden mit dem Vornamen Wolf getroffen hatte, der auch in Auschwitz Häftling gewesen war. Ob wir ihn kennen würden? Er sei ein mürrischer und einsilbiger Einzelgänger, schrieb Angela, niemand komme mit ihm zurecht. Weil sich das gar nicht nach dem Wolf anhörte, den ich vor Augen hatte, habe ich sie gefragt, ob es ein Foto von ihm gebe. Sie schickte uns wenig später ein Gruppenbild von einer Zusammenkunft Überlebender im Fairmont Royal York Hotel in Toronto. Und tatsächlich: Am äußersten Rand der letzten Reihe steht – schon fast im Dunkeln – ein unendlich trauriger Mann, den man nicht nach dem Weg fragen würde, auch wenn er der einzige Mensch auf der ganzen Straße wäre. Über seinem Kopf hatte Angela einen Pfeil eingezeichnet, aber ich hätte Wolf auch ohne Pfeil sofort erkannt. Es war gar nicht gut, ihn so wiederzusehen, und es tut mir immer noch weh, dass er sich in dieser Dunkelheit verloren hat. Bis heute bete ich darum, dass er sich auch an den anderen Wolf erinnern kann, der mich und andere in Auschwitz mit seinem Mut getröstet und mit seinen Erinnerungen ermutigt hat, wenn er von der Stadt seiner Kindheit erzählte und wir uns mit ihm zum Fluss vor der Stadt hinträumten, an dessen Ufer wir standen und den Inseln aus Gras nachsahen, die langsam der Oder und dem Meer entgegentrieben. Und bevor du fragst, Barry, natürlich habe ich nach seinem Namen gesucht, als ich das erste Mal wieder dorthin gefahren bin. Ich habe mir vor Anspannung fast in die Hose gemacht, als ich am Ende des Appellplatzes um die Ecke gebogen und zum Block 7 gegangen bin. Die Inschrift war da, im Meer der Backsteine siehst du sie kaum, du musst sie schon suchen, aber sie ist da, so wie Wolf sie mir beschrieben hat. Tief eingekratzt, in den Stein und in die Welt, das muss ein guter Nagel gewesen sein.

Und wieder saßen wir eine lange Weile schweigend im Auto, hatten die Seitenscheiben heruntergedreht und rauchten, bis Barry die Stille unterbrach und sagte: Eine letzte Frage noch, warum ich, warum hast du mich ausgesucht? Und durch den Rauch hindurch antwortete ich ihm: Ich laufe hier in diesem Club seit Jahren in diesen kurzärmeligen Tennishemden herum. Einmal hat der dicke Dave eine Bemerkung gemacht: Hey, Roman, du hättest dir die Telefonnummer doch nicht auf den Arm schreiben müssen, ich hätte dir auch einen Zettel geliehen, aber du, Barry, du warst der Erste, der ernsthaft gefragt hat, und ich hatte das Gefühl, du willst wissen, was die Zahlen wirklich bedeuten und was dahintersteckt. Ich habe vorher mit meinem Bruder Leon gesprochen und der hat mir gesagt, dass ich mit dir reden soll, dass wir die Fragen der Menschen beantworten müssen, bevor andere über uns und was dort geschehen ist, Unsinn und Lügen erzählen. Gut so, sagte Barry, ich bin dir sehr dankbar, und jetzt kommt das Match.

Ja, das war der Anfang: Ich bin dann über Jahre in Schulen gegangen, habe vor Studenten und allen möglichen Gruppen gesprochen, bin auf Stille und Tränen gestoßen, auf naive und kluge Fragen, auf Menschen, die mir auf den Wecker gefallen sind, weil sie mir mit ihren Gefühlen zu nah auf den Leib rückten, und auf Menschen, die verstanden haben, dass man nach zwei Stunden des Erzählens aus dieser grausamen und entsetzlichen Welt einfach eine Pause braucht, ein Glas Wein und ein Gespräch über Tennis, aber halt, vielleicht könnte ich noch die Geschichte über mein Tennismatch mit Barry erzählen und wie es angefangen hat, dass ich heute hier vor ihnen stehe. Nein, im Ernst, in all diesen Jahren wusste ich natürlich, dass dort draußen der Antisemitismus weiter existierte, dass Nazis durch die Welt geisterten und behaupteten, Auschwitz sei ein Fake und Gaskammern habe es dort nie gegeben. Und bei jedem meiner Auftritte war mir auch bewusst, dass es jenseits der Hörsäle eine andere, durchgedrehte Welt des Hasses und der Lüge gab, in der sich böse Menschen mit nicht enden wollender Energie auf die Überlebenden stürzten, um sie der Lüge zu bezichtigen und zu verhöhnen, weil sie genau wussten, dass die Überlebenden und ihre Zeugenaussagen der lebendige Beweis dafür waren, dass ihr Hass und ihre Ideologie die Welt schon einmal ins Verderben geführt hatten.

Im Juli 2016 reiste ich nach Auschwitz, diesmal ohne Hannah, die schon zu geschwächt war. Wir wollten Papst Franziskus begrüßen, der die Gedenkstätte gemeinsam mit vielen jungen Menschen besuchen würde. Ich hatte mit Interesse und Sympathie gehört, dass dieser Papst sich dafür entschieden hatte, in Auschwitz zu schweigen: Keine große Rede, keine Beschwörungen, keine Erklärungsversuche: Ein Schrei des Schweigens angesichts dessen, was hier geschehen war, und eine Nachfrage an die Gegenwart, so habe ich Franziskus verstanden, der mir mit dieser Geste noch sympathischer wurde. Und so warteten wir in der brütenden Hitze in Birkenau auf das Erscheinen des Papstes, wir hatten uns blauweiß gestreifte Tücher um den Hals gelegt, um als Überlebende erkannt zu werden. Normalerweise hasse ich solchen Mummenschanz, aber an diesem Tag war es mir und den anderen wichtig, der Welt zu zeigen, dass wir noch da waren und auch diese Gelegenheit nutzten, hier und heute Zeugnis abzulegen und im Schweigen des Papstes die Stimme derer zu sein, die man hier getötet und verbrannt hatte. Als der Papst sich verabschiedete, drängten Journalisten aus aller Welt auf uns ein, die uns nach unseren Eindrücken befragen wollten. Zum Schluss geriet ich an ein Team des spanischen Fernsehens. Der junge Reporter war höflich und verhielt sich dem Ort und dem Anlass angemessen: Sir, fragte er mich, wie viele Menschen sind hier gestorben? Niemand, antwortete ich ihm, niemand. Zuerst guckte er mich verwirrt an, dann wiederholte er leicht lächelnd die Frage – der alte Knacker hatte sie wohl beim ersten Mal nicht richtig verstanden oder war schwerhörig –, wie viele Menschen sind hier gestorben, Sir? Und ich antwortete erneut: Niemand, hier ist niemand gestorben. Sterben – das bedeutet doch eines natürlichen Todes zu sterben. Hier ist niemand gestorben. Hier wurden Menschen ermordet, mit Gas, durch Hunger, durch Schüsse – es gab viele Methoden, die Häftlinge umzubringen. Die Mörder waren sehr erfinderisch. Und die Ermordeten hat man in den Krematorien verbrannt und ihre Asche verstreut: Das ist hier geschehen. Thank you, sagte verblüfft der sympathische spanische Reporter und ich habe mich umgedreht und bin Richtung Bus gegangen, der uns zum Hotel zurückbringen sollte. Ich war ziemlich geladen, weil ich mich über die unbedachte Frage des Reporters aufgeregt hatte, aber noch mehr geärgert habe ich mich darüber, dass es im Trubel dieses Tages keine Gelegenheit gegeben hatte, dem Papst die Grüße seiner größten irischen Fans aus New York, Barry und Ehefrau, zu übermitteln. Gott sei Dank habe ich Franziskus am Abend dieses Tages noch einmal bei einer Begegnung im kleinen Kreis in Krakau getroffen. Mir ist ein Stein vom Herzen gefallen, als ich sowohl die besagten Grüße als auch die Bitte um einen Rosenkranz für Barrys Frau anbringen konnte. Ich habe den Rosenkranz in meinem Koffer verpackt wie die Kronjuwelen und war stolz auf mich: Da hatten Barry und seine Frau, die mittlerweile genauso klapperalt sind wie ich, im Tennisclub etwas zu erzählen, denn Spielen, das kommt für uns alle schon längst nicht mehr in Frage, aber unsere Plätze an der Bar sind immer noch reserviert.

Leon und ich waren im Mai 1946 in Amerika angekommen. Gemeinsam mit anderen Waisen, deren Eltern im Holocaust ermordet worden waren, hatten wir ein kollektives Visum für die USA erhalten. Ich habe damals Europa mit gemischten Gefühlen verlassen. Hinter uns beiden lagen nicht nur die entsetzlichsten Monate unseres Lebens im Ghetto und in den Lagern und der Verlust unserer Eltern, sondern auch die Erinnerung an die Liebe dieser Eltern und eine glückliche Kindheit. Ich habe Amerika damals nicht idealisiert, ich wusste viel zu wenig über diese Welt jenseits des Meeres, aber ich habe mich fest darauf verlassen und fest daran geglaubt, dass wir in ein Land kommen, in dem es nie eine SS geben wird und in dem nie irgendwelche Nazis Macht haben werden. Nie würde ich in diesem Land über Auschwitz sprechen müssen. Daran haben Hannah und ich uns in den ersten Jahrzehnten gehalten. Jetzt bin ich alt, Leon ist schon lange tot und auch Hannah musste gehen. Die letzten Jahre sind Jahre der Abschiede. Meine Haut ist dünner geworden, und die Traurigkeit, die Wolf schon viel früher gepackt hat, greift auch nach mir. In meinem ganzen Leben bin ich gegenüber Antisemiten und Holocaust-Leugnern ein zorniger und hoffentlich mutiger Mensch gewesen. Immer wieder hat der Zorn meine Angst und meinen Pessimismus besiegt. Für mich war mein Zorn auch immer ein Zeichen der Hoffnung, dass ich nichts verloren gebe. Heute sehe ich in den Nachrichten Menschen, die Auschwitz nicht mehr leugnen, sondern die es wieder aufbauen wollen. Sie tragen T-Shirts, auf denen »Camp Auschwitz« steht, und sie stecken in der Welt wie Kugeln im Lauf. Was soll ich noch sagen? Bei meinen Gesprächen mit jungen Leuten habe ich zum Schluss immer zwei Dinge betont: Noch mehr als die Grausamkeit der Täter hat uns alle damals die Gleichgültigkeit der Vielen verzweifeln lassen, die sahen, was geschah und sich weggedreht haben. Die Erinnerung an diese Menschen überzieht mich bis heute mit Eiseskälte. Das ist das eine. Und das andere? Wir wollen nicht, dass unsere Vergangenheit die Zukunft unserer Kinder wird. Ja, das ist eigentlich alles. Über viele Jahre meines Lebens habe ich Fragen beantwortet: Barry, mein Freund, du warst der Erste, der mich gefragt hat. Und ich denke an meinen Bruder Leon, der mich ermahnt hat, zu antworten. Die beiden haben mich auf den Weg geschickt, und dafür werde ich ihnen immer dankbar sein.

Oliven sind groß

Wo sie die Koffer hingebracht hätten? Und in seinem Koffer sei ein Schlüssel gewesen. Das waren die ersten Worte des Jungen, die ich einigermaßen deuten konnte, weil er mit seinem Finger einen Koffer und einen Schlüssel in die Luft malte. Er sprach sehr schnell und bewegte dazu seine Hände, so dass meine Augen ständig zwischen seinem Gesicht und seinen Händen hin- und herlaufen mussten. Ein magerer Bursche, fast noch ein Kind, drahtig, und jetzt zitterte er vor Kälte und Anspannung wie ein junger Hund, den böse Menschen johlend in einen eisigen Fluss geworfen haben. Und deutete plötzlich zu dem schwarzen Rauch hin und zog so hörbar die Luft in die Nase, dass ich seine Frage sofort verstanden habe: Was bedeutet das alles, was hier so riecht? Aber ich wusste nicht, wie ich ihm das am ersten Tag erklären sollte. Er würde es schon lernen, hier lernte man sehr schnell. Und so habe ich ihm nur meine Hand auf die Schulter gelegt und den Kopf geschüttelt.

Ende März 1943. Ich bin zweiundzwanzig Jahre alt, seit zwei Jahren und acht Monaten hier gefangen und habe noch nie in meinem Leben einen Griechen gesehen. Dass sie jetzt auch die Juden aus Griechenland hierherbringen, keiner von uns, die wir schon so lange hier sind, hat das erwartet. Seit Frühling 1941 arbeite ich in der Schreibstube der SS: Mit einer Schreibmaschine habe ich polnische Namen und Städte in ihre Listen eintragen müssen, dann Namen und Städte aus Deutschland, der Tschechoslowakei, aus Frankreich und Belgien, welche aus Luxemburg und aus Holland, russische und litauische, aber griechische? Laut der Zugangslisten, die wir auf Befehl der SS abschreiben, ist der Transport aus Saloniki gekommen. Abends im Block versuchen wir auf der griechischen Landkarte in unseren Köpfen Saloniki zu finden. Alle sprechen durcheinander, und wir werden fast übermütig wie damals in der großen Pause. Wie weit mochte die Entfernung zwischen hier und Saloniki per Luftlinie sein? Durch welche Länder und Städte haben sie den Zug geführt, um die Kinder, Frauen und Männer hierher an die Rampe zu schaffen? Doch dann wird es immer stiller, und die letzten Worte fallen in sich zusammen wie das Licht in der Dämmerung. Auch ich habe die Augen geschlossen, damit die anderen meine Tränen nicht sehen können. Der Jammer, die Angst und das Heimweh fallen über uns wie eine schwere Decke. An diesem Abend begreifen wir endgültig, dass die Deutschen mittlerweile ganz Europa in ihrer Gewalt haben. Wir werden noch lange unter ihrer Knute sein und auf des Messers Schneide noch vieles aushalten müssen. Und es wird keinen Tag in diesem Hass und in diesem Elend geben, an dem wir morgens sicher sein können, dass sie uns bis zum Abend am Leben lassen. Die meisten von uns im Block sind Polen und etwa in meinem Alter oder sogar jünger, doch in dieser Nacht ist jeder von uns ganz allein. Nur eines ist in dieser Nacht ganz gewiss: Von den griechischen Juden, die heute angekommen sind, werden wir morgen kaum noch welche nach Saloniki fragen können. Die meisten von ihnen haben sie gleich nach der Ankunft auf die Seite geschickt, die zum Rauch führt. Ende der Luftlinie.

Der Schlüssel-Junge ist einer der wenigen Griechen, die den ersten Tag in Auschwitz überleben. Er wird denen zugeteilt, die um ihr Leben rennen: Ein Läufer, der auf

Befehl unseres Chefs zwischen den SS-Büros im Lager hin- und herjagt und Meldungen, Nachrichten oder Gegenstände zu überbringen hat. Ich sehe ihn manchmal, wie er sich für Sekunden in eine Ecke drückt, den Oberkörper nach vorne gebeugt, beide Hände auf die Knie gestützt und mit weit offenem Mund keuchend nach der verdammten Luft giert. Er ist noch magerer geworden, und um seinen Körper schlottert ein Häftlingsanzug, der ihm viel zu weit ist und dessen Hose er um die Hüften mit einem Seil festgebunden hat. Weiß der Himmel, wo er das Seil herbekommen hat. Ich kenne Häftlinge, die für dieses Seil ihr Leben geben würden. Manchmal gelingt es dem Griechen und mir, miteinander zu sprechen. Eingequetscht zwischen der Allmacht unserer Bewacher und ihrem Hass, der überall auf uns lauert und in jedem Moment aus jeder Ecke hervorbrechen kann, kreuzen sich während des Tages manchmal unsere Wege, und wir sprechen leise ein paar Minuten in einem abgelegenen Winkel. Meine Voraussage ist eingetroffen: Er hat sehr schnell gelernt und spricht jetzt ein gebrochenes Deutsch, die ganze Grammatik steht auf dem Kopf, aber er ist gut zu verstehen, auch wenn er die deutschen Wörter mit griechischer Geschwindigkeit aus seinem Mund presst und ich mich beeilen muss, mit dem Hören hinterherzukommen. Er heißt Marios. Meinen Namen spricht er in der deutschen Form aus: Kasimir. Obwohl ich ihm gesagt habe, dass ich Pole bin: Ich Pole! Und er nickt: Ich Grieche! Pass auf dein Seil auf, gebe ich ihm noch mit auf den Weg, als wir uns trennen. Leg es unter dich, wenn du schläfst. Unter deinen Körper! Schlaf drauf, verstanden? Sonst ist es weg. Geklaut. Und ich mache die entsprechende Handbewegung dazu. Marios starrt mich an. Wenn das Seil weg ist, rutscht dir die Hose, du kannst nicht mehr laufen, nicht mehr arbeiten, das ist gefährlich! Er starrt mich immer noch an, aber als die Worte bei ihm angekommen sind, nickt er. Dann rennt er los.

Immer wieder, wenn wir uns treffen, fängt er mit dem Schlüssel an, und ich frage mich, ob er in dieser elenden Welt, in der wir beide hausen müssen, wirklich keine anderen Sorgen hat, als die Frage, wo dieser vermaledeite Schlüssel hingekommen ist. Erst später habe ich den Hintergrund begriffen. Da sind wir schon aneinander gewöhnt und haben gelernt, die Wortbrocken des Anderen zusammenzusetzen. Er spricht neben Griechisch auch Französisch und Englisch, zumindest nutzt er Wörter in diesen Sprachen, aber am leichtesten ist es für uns, wenn wir das Ganze auf Deutsch versuchen. Seine Tante Berry, die mit ihm im selben Transport gewesen war, hatte ihm noch in Saloniki den Schlüssel übergeben und damit zum ersten Mal seit Jahrhunderten die Tradition durchbrochen, die besagte, dass der Schlüssel immer vom ältesten Mitglied der Familie verwahrt werden sollte. Das war unter ihnen ein ungeschriebenes Gesetz, seit sie 1492 aus Spanien vertrieben worden waren. Seine Vorfahren hatten damals die Tür ihres Hauses in Saragossa verschlossen, den Schlüssel sicher in ihren Bündeln verwahrt und über viele Umwege war ihnen, wie vielen anderen spanischen Juden auch, die Flucht nach Saloniki gelungen. Und Marios ritzt mit einem Stück Holz die Zahlen in die Erde, auf der wir hocken: 1492 – 1943. Und er zeichnet noch eine Zahl auf den Boden: 26. Sechsundzwanzig Mitglieder seiner Familie waren jetzt in dem Waggon gewesen, auch seine Eltern und seine Geschwister und natürlich Tante Berry, die Älteste und die ungekrönte Königin der Familie mit ihren Kindern und Enkelkindern, die einen Tag vor der Deportation befohlen hatte: »Marios, du nimmst den Schlüssel. Du musst leben.«

Mittlerweile ist Marios mit allen Wassern gewaschen, und manchmal scheint es mir, er werde zunehmend unsichtbar. Es gelingt ihm immer besser, in den Menschenmengen des Lagers unterzutauchen und am Augenrand unserer Bewacher zu bleiben. Bei seinen Touren hält er sich von den Stacheldrahtzäunen fern, nachdem er mehr als einmal gesehen hat, wie SS-Leute aus Langeweile einen Häftling in Richtung Draht gejagt und »auf der Flucht« erschossen haben. Und er weiß jetzt auch, wohin man die Menschen von den Gleisen führt und was der Rauch bedeutet. Trotzdem spricht er nie von Tante Berry und seiner Familie. Ich weiß nicht einmal, ob er hofft oder glaubt, dass sie verschont geblieben sind. Tagtäglich schiebt er die Wirklichkeit von sich fort, und er läuft. Stattdessen fragt er mich nach meiner Familie. Wo sind deine Eltern? Das sind die Fragen, die einen treffen wie ein Schlag. Sie sind tief in uns versteckt, sie gehören uns allein, den Nächten und den geschlossenen Augen. Ich antworte ihm nicht.

Aber Marios gibt nicht auf: Weil er über seine Familie nicht sprechen kann oder will, spricht er immer wieder über meine. Wo leben deine Eltern? Wie weit ist das entfernt? Haben sie ein Haus? Hast du Geschwister? Er geht die ganze Palette durch, und je länger ich schweige, umso drängender bohrt er nach. Nach einem Moment des Schweigens, in dem er mich prüfend anschaut, als sei er der Lehrer und ich ein widerspenstiger Schüler, um den man sich Sorgen machen müsse, setzt er mit einer ganz anderen Frage neu an: Warum sind sie so? Wen meinst du, fragte ich ihn. Die Deutschen? Und er nickt. Ja, warum sind sie so? Ich weiß es selbst nicht. Und jetzt ist ganz bestimmt nicht der Zeitpunkt, Marios zu erzählen, dass ich die Deutschen schon mein ganzes Leben lang kenne. Zumindest habe ich das geglaubt.

Da, wo ich geboren bin, haben Deutsche und Polen immer zusammengelebt. In manchen Jahren mehr miteinander, in manchen Jahren mehr gegeneinander und in vielen dieser Jahre auf jeden Fall nebeneinander. Wir waren in Oberschlesien, und Schlesisch wurde von vielen Deutschen und Polen gesprochen, in dieser Sprache gab es fast deutsche Worte und fast polnische Worte, alles gemischt, und jeder war auch von allem ein bisschen. Ich bin mit deutschen Kindern aufgewachsen und sie mit mir. Wir haben miteinander gespielt, gegeneinander gespielt und uns miteinander geprügelt: Polen gegen Deutsche, Deutsche gegen Polen. Aber damals war Prügeln ein Teil des Spiels, wir hassten nicht. Und meine Eltern, über die ich mit Marios nicht sprechen kann, weil, ja sagen wir mal, weil meine Worte für dieses Thema nicht ausreichen, meine Eltern haben uns nicht zum Hass gegen die Deutschen erzogen, obwohl sie glühende polnische Patrioten waren, die beide als Aufständische gegen die Deutschen und für die Zugehörigkeit Schlesiens zu Polen gekämpft haben. Korfanty war ihr Held und der Stern, der vor ihnen leuchtete. Für meine Eltern war der 19. Juni 1922 ein Festtag fürs Leben. Das war der Tag, an dem die Stadt aus der Herrschaft der Deutschen fiel und aus Königshütte Królewska Huta wurde. Von nun an gehörte die Stadt zur wiedergeborenen Republik Polen, die nach dem Ersten Weltkrieg endlich auf die Landkarte Europas zurückgekehrt war. Ich behaupte immer noch, ich könne mich an den Ernst und das Lachen und Singen meiner Eltern an diesem Tag erinnern, ihre unbändige Freude und ihr Bewusstsein, etwas sehr Tiefes und Großes zu erleben und Teil von ihm zu sein. Ich behaupte, meine Mutter zu sehen, beim Tischgebet, der volle Tisch, die Gerüche der Speisen, ich behaupte, ich sei mit allen meinen Sinnen dabei gewesen und hätte all dieses bewusst erlebt, obwohl ich an diesem Tag, dem großen 19. Juni 1922, auf den Tag genau zwei Jahre und zwei Monate alt war und wahrscheinlich zwischen den Beinen der Erwachsenen auf dem Boden gesessen und mit den Bauklötzen gespielt habe, die mir mein Vater selbst gesägt hatte. Er hieß Józef, war an diesem Tag siebenunddreißig Jahre alt und vor ihm lagen an Lebenszeit noch neunzehn Jahre, ein Monat und elf Tage sowie achthundertachtzehn Kilometer Luftlinie. Von Königshütte via Dachau nach Mauthausen. Ende.

Ab dem 1. September 1939 waren sie neue Deutsche gewesen, andere. Mit Entzücken und Hysterie hatten unsere Nachbarn den Überfall ihrer Leute auf Polen und den Einmarsch der Wehrmacht verfolgt. Sie jubelten, als die deutschen Soldaten die polnischen Ortsschilder zu Boden rissen, und sie jubelten noch mehr, als die Schilder mit dem Namen Königshütte an ihrer Stelle aufgestellt waren. Triumphierend und voller Verachtung sahen sie jetzt auf uns herab. Seht euch vor, sagte jeder ihrer Blicke. Es war, als ob die Deutschen in sich einen Schalter umgelegt hätten. Dieselben Jungen, die man über viele Jahre gekannt hatte, begannen, uns mit einer Inbrunst zu hassen, die wir anfangs gar nicht verstanden. In den ersten Tagen nach dem 1. September hatten sie noch die Straßenseite gewechselt, wenn sie uns kommen sahen. Dann wechselten sie die Straßenseite nicht mehr: In den Uniformen der Hitlerjugend und der SA standen sie an die Häuser gelehnt und warteten auf uns. Die Jagd hatte begonnen, und sie versuchten, uns die Stadt und unsere Heimat wegzunehmen. Ich meine damit nicht nur ihre Aufmärsche, ihr Gegröle, den Hass und die schiere Lust an der Gewalt, die sie ausstrahlten, sondern vor allem die Überzeugung, die sie leitete, dass wir ausgelöscht gehörten, aus den Straßen und der Geschichte dieser Stadt ein für alle Mal entfernt, herausgerissen ins Nichts.

Ich hatte meine Stadt immer geliebt und gefürchtet. Ihre gefräßige Vielfalt, ihre Derbheit und Widersprüchlichkeit: Mühselige und Beladene wanderten in ihren Straßen umher, und irgendeine Tür stand ihnen immer offen. Evangelische Deutsche und katholische Polen, polnische Arbeiter und deutsche Arbeiter, deutsche Sozialdemokraten, Kommunisten und Konservative sowie die polnische Variante derselben Glaubensrichtungen, Arme und Reiche, Männer und Frauen, Eltern und Kinder, polnische Familien, deutsche Familien, doch schließlich und endlich schluckte die Stadt alles und alle, waren wir doch samt und sonders miteinander ins Schlesische vermischt. Für mich als Kind glich diese Stadt einem Ungeheuer, dem ich fasziniert und voller Angst gegenübertrat. Meine Mutter spürte die Angst und nahm meine Hand, als wir durch die Straßen zur Fleischerei gingen und die Dunkelheit langsam die Dämmerung aus der Stadt hinausdrängte. Was waren das für Geräusche, die jetzt aus den Straßen hervorbrachen, und woher kamen die Massen von Männern, die plötzlich die Gehwege fluteten und deren rußgeschwärzte Gesichter unter den Straßenlaternen leuchteten, hinter ihnen die riesigen Hallen und die Schornsteine, aus denen das Feuer wie eine ewige Flamme bis in den Himmel wuchs? Auf den Tellern beim Abendessen lag das, was wir aus der

Fleischerei nach Hause getragen hatten, Blutwurst, die man in Polen »Kaszanka« und in Schlesien »Krupniok« nennt. Die Lieblingswurst meines Vaters, sie dampfte und glänzte so schwarz wie die Gesichter der Männer, denen meine Mutter und ich auf unserer Expedition begegnet waren, und als ich meinen Vater fragte, warum die Männer so schwarze Gesichter hätten und was in den riesigen Hallen geschehe, die mit ihren Schornsteinen für mich noch eindrucksvoller aussahen als die Kirchen mit ihren Türmen, stach er mit der Gabel in die Luft und sagte: Die Menschen arbeiten an einem großen Ofen, sie machen Eisenbahnschienen und es ist heiß in den Hallen, sehr heiß und sehr gefährlich.

Viel später, in der dritten Klasse, war es, als hätte auch Pani Zimmer, unsere Zeichenlehrerin, sich dieselbe Frage gestellt. Eines Tages brachte sie ein großes Bild mit in die Zeichenstunde. Sie lehnte es schräg an die Tafel, klatschte in die Hände und rief: Schaut nach vorne, Kinder! Sie zeigte auf das Bild und sagte: Das Bild heißt »Das Eisenwalzwerk«. Ein deutscher Maler ist nach Königshütte gekommen und hat die Fabrik gemalt. Er hieß Adolph von Menzel und war nur einen Meter vierzig groß, aber er war ein großer Mann. Wir lachten: Wie konnte jemand groß sein, wenn er nur ein Meter vierzig war? Pani Zimmer, die selber sehr klein und sehr rund war, hatte die Hand gehoben und das Lachen verstummte: So sah es damals in der Fabrik aus, Kinder, und es wird heute dort nicht viel anders aussehen, oder was meint ihr? Ich hob den Finger, und nach ihrem bestätigenden Blick sagte ich: Sie machen dort Eisenbahnschienen und es ist sehr heiß und sehr gefährlich.

All diese Erinnerungen, Bilder und Gedanken spazieren in Sekundenbruchteilen durch meinen Kopf, während Marios und ich nebeneinanderstehen und über die Deutschen nachdenken. Sind die, die uns hier im Lager gegenübertreten, eine besondere Unterart der Deutschen oder sind sie ganz normale Exemplare, aus ihren Häuschen herausspaziert, um dem Vaterland auch an den Krematorien zu dienen? Wir haben längst mitbekommen, dass es intelligente und dumme unter ihnen gibt, eitle und schlampige, eines aber wissen wir mit absoluter Sicherheit: dass alle von ihnen giftig und tödlich sein können. Mitleidige, nein Mitleidige haben wir unter ihnen noch keine ausgemacht. Als der SS-Mann, den wir »Bubi« nennen und der mit seinem Milchgesicht wahrscheinlich noch jünger ist als ich, an seinem ersten Tag in der Politischen Abteilung auftaucht, zieht er aus seiner Aktentasche einen Hammer, steigt auf einen Schreibtischstuhl und mit einem unbändigen Eifer drischt er einen Nagel in die Wand. An den Nagel hängt er ein Bild, das er auch in der Aktentasche mitgebracht hat und dessen Aufschrift lautet: Mitleid ist Schwäche. Das ist seine Botschaft, die uns nun tagtäglich von der Wand anspringt, und wir glauben ihm aufs Wort, weil wir oft genug erleben, dass die Worte aus dem Bilderrahmen in seine Hände schießen, unter denen sich dann ein Mensch in Verzweiflung und Todesangst zusammenkrümmt. Bubi wird im Lauf der Monate einer der grausamsten Vollstrecker des Hasses, der sie alle antreibt. Er weidet sich an der Angst seiner Opfer, sein Größenwahn und seine Mordlust sind unersättlich. Flüsternd und verstört wird abends in den Häftlingsbaracken über die besondere Verderbtheit dieses einen Menschen gesprochen. Er ertränkt Neugeborene, und wenn er auf jüdische Häftlinge trifft, die den gleichen Nachnamen haben wie er, tötet er sie sofort.

Aber sie haben doch auch Kinder, fragt Marios mich und schaut mich dabei hilfesuchend an. Ich zucke nur mit den Schultern. Warum will Marios die Deutschen verstehen. Wir lernen sie jeden Tag besser kennen, und wir wissen mittlerweile auch, dass einige von ihnen mit ihren Familien in der Stadt wohnen. Sicher werden sie Kinder haben, die in ihren Gärten herumtoben, und die Suppe wird heiß auf dem Tisch stehen, wenn sie abends nach Hause kommen. Die Frau wird eine Schürze anhaben, und er wird seine Mütze mit dem Totenkopf abnehmen und an den Haken hängen. Nach dem Abendessen wird er den Hund füttern, mit dem an der Leine er das Lager verlassen hat. Er krault ihn anerkennend und lächelt. So ein Racker. Der Bursche hat heute seine Sache wieder einmal gut gemacht. Im Lager muss er ihn immer wieder stramm an der Leine halten, mit gefletschten Zähnen will der Hund auf jeden von den Häftlingen los. Hier darf jetzt der älteste Sohn auf ihm reiten. Da lachen alle. Und was erzählt uns das?, frage ich Marios, der meinen hervorgesprudelten Sätzen erstaunt zugehört hat. Was erzählt uns das? Dass sie Menschen sind? Dass sie Deutsche sind? Dass sie Menschen sind, die sich selbst vergessen haben, die von sich weggelaufen oder bei sich angekommen sind?

Du musst zu ihm hingehen, sagt Marios zu mir, als wir nebeneinander beim Morgenappell stehen und der Rapportführer vor uns auf und ab stolziert, immer auf der Suche nach einem Vorwand und einer Gelegenheit, jemandem die Knochen oder den Hals zu brechen. Melde dich bei ihm, sag ihm, dass du ihn kennst, flüstert Marios, er wird auf dich aufpassen. Er wird dein Schutz sein. Ich lächele in mich hinein. Marios glaubt immer noch an das Gute im Menschen. Vor einigen Tagen habe ich ihm erzählt, dass ich den Rapportführer kenne. Er kommt aus derselben Stadt, in der meine Eltern wohnen und in der ich gelebt habe, bevor sie mich abgeholt und eingesperrt haben. Er war bei der Feuerwehr. Ich glaube mich sogar daran zu erinnern, ihn während eines Einsatzes gesehen zu haben, als in unserer Nachbarschaft der Dachstuhl einer Mietskaserne in Brand geraten war. Wir Kinder hatten große Hochachtung vor der Feuerwehr und haben die Feuerwehrmänner ehrfürchtig bestaunt, wenn sie mit Geklingel auf dem Feuerwehrwagen sitzend mit den rotglänzenden Leiterwagen durch die Stadt zu einem Einsatz rasten. Wer bei der Feuerwehr war, galt als Respektperson. Von ihm wurde mit Hochachtung und Anerkennung gesprochen. Und jetzt? Ich bin mir ziemlich sicher, was geschehen wird, wenn ich wirklich zu ihm hingehe: Melde gehorsamst, Herr Rapportführer, ich, also Nummer 1327, ich kenne Sie von früher, ich habe Sie schon gekannt, als Sie noch bei der städtischen Feuerwehr in Königshütte waren und Brände gelöscht haben, ich habe Sie bewundert, Herr Rapportführer, ich war acht Jahre alt, als Sie ein Haus in unserer Nachbarschaft gerettet haben. Nur der Dachstuhl ist halb abgebrannt. Sie waren blitzschnell da, Herr Rapportführer, Sie haben das Schlimmste verhindert: Kein Mensch ist zu Schaden gekommen, damals. Ich bin auch in Königshütte geboren, Herr Rapportführer! Und? Wird der Herr Rapportführer von der SS mich auf einen Kaffee bitten, um über die alten Zeiten zu plaudern, als er noch Feuerwehrmann war? Nein, lieber Marios, das wird er nicht. Er wird verblüfft sein und mich mit seinem stechenden Blick anstarren, fassungslos, während in seinem Inneren eine mörderische Wut emporwirbelt, die Sekunden später aus ihm hervorbrechen wird. Er wird sich auf mich stürzen, weil dieses polnische Stück Dreck es wagt, ihn zu kennen, und noch dazu glaubt, etwas mit ihm gemeinsam zu haben. Blind vor Wut wird er mich umstoßen und mit seinen Stiefeln zu Tode treten. Auf den Brustkorb, er springt zum Schluss immer auf den Brustkorb. Das ist seine Spezialität. Hier soll ihn niemand kennen. Hier, wo er wegen seines Jähzorns und seiner Mordlust berüchtigt ist. Hier, wo den Unseren eine Eiseskälte den Rücken hochzieht, wenn diese Hölle nur in ihre Richtung schaut. Bitte, Herrgott, lass ihn an mir vorbeigehen, Herrgott, bitte mach, dass er mich nicht sieht, bitte, Herrgott, bitte! Das ist unser aller Flehen, wenn er beim Appell an unseren Reihen entlangstreicht, um die Todesangst und die Panik zu genießen, die bei den angetretenen Häftlingen wächst, je näher er ihrer Reihe kommt. Und er ist stolz auf sich. Das ist seine Welt. Er erschafft sie immer wieder neu. Er allein.

Über die Monate hinweg ist Marios für mich zu einem wichtigen Teil des Lebens im Lager geworden. Wir versuchen, einander nicht aus den Augen zu verlieren und uns so oft wie möglich zu treffen. Vielleicht ist er der kleine Bruder, den ich nie hatte. Die Angst um ihn schnürt mir die Kehle zu. Er wird immer durchsichtiger, ist abgemagert und erschöpft: Treffen wir uns, sackt er sofort an Ort und Stelle zusammen oder stützt sich mit seinen Händen an der nächstgelegenen Wand ab. Manchmal kann ich etwas zu essen für ihn organisieren. Diesmal habe ich ihm eine kleine rohe Kartoffel mitgebracht, die Kazik aus dem ersten Transport, er hat die Nummer 118, für mich in der Lagerküche abgezweigt hat. Kauend fragt mich Marios: Was hast du zu Hause am liebsten gegessen? Das ist einfach zu beantworten, und ich bin zudem dankbar dafür, dass er heute keine philosophischen Fragen auf den Tisch bringt. Bigos, sage ich, Bigos, das ist mein Lieblingsgericht. Aber meine Mutter muss ihn machen. Bigos, wiederholt Marios. Und was ist Bigos? Es ist Kohl, sage ich, kapusta, und ich forme mit meinen beiden Händen einen Kohlkopf nach. Welche Farbe, fragt Marios, welche Farbe hat Kohl? Er ist weiß, sage ich. Und wo wächst er? Am Baum, auf dem Boden? Auf dem Boden natürlich, ein Kohlkopf ist viel zu schwer für einen Baum. Wie schmeckt Kohl, fragt Marios mich. Schmeckt er nach was? Ich glaube nämlich, Kohl ist Lachano, und Lachano schmeckt nach nichts. Es kommt darauf an, was man dazugibt. Das stimmt, antworte ich, Bigos ist nicht nur Kohl, nicht nur Lachano – mein erstes griechisches Wort, es gefällt mir – Bigos ist Lachano mit Wurst und Speck mit Schweinefleisch, Gewürzen, Lorbeer und Wacholder und noch mehr Lachano, Lachano aus dem Faß, sauer, man macht es heiß und isst Brot dazu. Du kannst es immer wieder aufwärmen, es wird immer besser, der Geschmack. Du lächelst, stellt Marios fest. Ja, ich lächle, meine Mutter … Gut, sagt Marios und nickt, als wolle er sich die Zutaten merken, aber welche Farbe hat Bigos? Ich denke einen Augenblick nach. Bigos ist hellbraun mit roten Flecken. Das ist die Wurst. Komisch, Marios überlegt: Meine Mutter macht Lachano mit Avgolemono, Zitronensauce, das ist grün und gelb, aber ich mag es nicht. Auch sauer, sage ich. Zu sauer, antwortet Marios. Und was isst du am liebsten?, frage ich ihn. Seine Antwort kommt wie aus der Pistole geschossen: Oliven, er ruft das Wort fast: Oliven. Meine Mutter legt sie ein. Dann halten sie sich das ganze Jahr bis zur nächsten Ernte. Er ist begeistert. Wie schmecken Oliven? Auch sauer, ein bisschen süß, scharf. Sie füllen den ganzen Mund aus, groß, ein breiter Geschmack, der alles erreicht. Du willst nicht aufhören zu essen. In jeder Olive versteckt sich die Sonne, sagt meine Mutter. Jetzt lächelt er. Und Tante Berry ist die Expertin für Pate Elias, Olivencreme, die kann man auf Brot essen. Marios ist gar nicht zu bremsen vor lauter Eifer: Weißt du, dass Olivenbäume mehr als eintausend Jahre alt werden können? Die Bäume in unserem Garten hat schon der Prophet Elias gesehen, sagt Tante Berry. Wir machen auch Öl, und du musst die Bäume vorsichtig schütteln bei der Ernte … Ich unterbreche ihn: Wie groß sind denn nun Oliven?, frage ich, und welche Farbe haben sie? Grün und Schwarz, Oliven gibt es in zwei Farben. Und die Größe? So groß wie Bigos, so groß wie deine und meine Mutter, wie unsere Häuser, wie deine und meine Stadt, wie Tag und Nacht. Oliven sind groß, Kasimir! Wir lächeln beide. Und der Hunger frisst uns auf.

Als Erstes sehe ich das Seil, dann den Körper, von dem es herunterhängt und hin- und herschwingt. Józef, der kleine Friseur, trägt den Toten über seiner Schulter. Jetzt legt er ihn am Rand des Appellplatzes bei den Anderen ab. Auch die Toten werden noch einmal mitgezählt. So ist es hier üblich. Der Bestand des Morgenappells muss mit den Zahlen des Abends übereinstimmen. Es ist Freitag, der 26. Mai 1944, und ich werde diesen Tag, an dem ich Marios verliere, nie vergessen. Immer wieder suchen meine Augen nach ihm, der doch gleich um eine der Ecken hasten wird, um sich zum Abendappell einzureihen. Ich will nicht glauben, dass er längst dort drüben liegt, dünn wie ein Brett, am Ende seines Weges. Nach dem Appell drängt sich Józef unauffällig zu mir hin. Sie haben ihn mir aufgeladen, als ich zum Appell ging. Er muss schon den ganzen Tag bei den Werkstätten gelegen haben. Emilio, der Italiener, hat durch ein Werkstattfenster gesehen, wie er herangelaufen kam und dann einfach umgefallen ist. Ein SS-Mann hat zu einem anderen gesagt: Will uns einfach so wegsterben, die kleine Ratte, und ist mit seinem Gewehr nach draußen gegangen und hat ihn in den Rücken geschossen. Nimm es nicht so schwer, sagt Józef und fasst nach meinem Arm, vielleicht ist es das Beste so, er hätte keine zwei Tage mehr durchgehalten, dann hätten sie ihn Richtung Gaskammer aussortiert. Das weißt du doch auch. Er lässt meinen Arm los und verschwindet. Ich kneife meine Augen zusammen, niemand soll meine Tränen sehen. Marios und ich haben uns das Weinen verboten. Wir dürfen nicht weinen, hat Marios gesagt, wir müssen alles sehen und uns alles merken. Für danach. Ich drehe mich um und sehe, wie die Häftlinge, die die Toten wegschaffen müssen, Marios auf einen Karren werfen, auf dem schon die anderen liegen. Sein Körper fliegt leicht durch die Luft, und dennoch hallt es dumpf, als er auf dem Wagen und den anderen Körpern aufschlägt. Ein kurzes Geräusch und ein kurzes Leben. Ich wende mich ab. Marios tot, der Schlüssel verschwunden, arme Tante Berry. Armer Kasimir. Alles ist hin.

Nicht weinen, hat Marios gesagt, wir müssen uns alles merken: Für danach: Im Mai 1964 reise ich mit anderen Überlebenden nach Frankfurt am Main. Wir gehen wie auf Zehenspitzen, und als wir die ersten deutschen Worte aus Bahnhofslautsprechern hören, zucken wir zusammen. Unser Gedächtnis tut uns weh. Schmerzen durchbohren unseren Kopf und fluten den ganzen Körper. Wenn jemand unsere Gruppe sieht, könnte er glauben, es handele sich um einen Betriebsausflug. Es wird gelärmt, und es wird dröhnend gelacht. Mit jedem Kilometer, den wir uns unserem Ziel nähern, werden wir hektischer und lauter. Wir wissen, was uns in Frankfurt erwartet und welche Herren wir beim Prozess wiedersehen werden. Nur wenige Tage später stehe ich an einem Fenster des Gerichtsgebäudes und warte auf meinen Auftritt als Zeuge, der noch im Mai stattfinden soll. Mein Blick fällt auf die Straße: Da kommt die Aktentasche. Bubi trägt sie wie damals in der linken Hand. Als freier Mann schreitet er forsch und mit durchgedrücktem Rücken auf das Gerichtsgebäude zu, so als sei er auf dem Weg zu einem Vorstellungsgespräch. Ich bin vierundvierzig Jahre alt, neunzehn Jahre haben sie in Deutschland gebraucht, um einen Prozess zu den Verbrechen in Auschwitz zu beginnen. Ich weiss nicht, ob Bubi mich an diesem Tag erkennen wird, ich habe ihn schon vom Fenster aus erkannt, etwas fülliger ist er geworden, ein beflissener Bürger und ein Zivilist im guten Anzug, ein Inbegriff der Harmlosigkeit und Rechtschaffenheit. Was er wohl diesmal in der Aktentasche hat? Den Hammer, den Nagel, das Bild? Im Prozess wird er der Einzige sein, der versucht, ein paar Worte der Reue aus sich heraus zu pressen. Er habe sich oft gefragt, ob er in Auschwitz zum Verbrecher geworden sei, aber er habe keine Antwort gefunden. Was für eine Frage. Wir alle und die Toten, die stumm hinter uns stehen, bedrückt und gejagt von unseren Erinnerungen, sind aus Polen, aus Israel oder von sonstwo gekommen, um unseren Peinigern in die Augen zu sehen und der Gerechtigkeit und den Deutschen auf die Sprünge zu helfen. Wir alle können ihm bei der Antwort sehr behilflich sein. Neben Bubi auf der Anklagebank steht die Aktentasche. Ich bin mir jetzt sicher, dass es dieselbe ist, die er schon damals umhergetragen hat. Leder altert kaum, wenn man es gut pflegt. Sie hätte viel zu erzählen, diese Aktentasche. Aber sie schweigt und erinnert sich an nichts, wie die meisten Angeklagten auch.

Schon bei den Vorermittlungen zum Prozess hatte sich ein deutscher Staatsanwalt aus Frankfurt mit mir bekannt gemacht, mit dem ich mich im Verlauf der ganzen Sache fast angefreundet hatte. Auch nach dem Prozess hielten wir weiter Kontakt. 1991 erreichte mich ein Brief von ihm, dem er einen Zeitungsausschnitt beigelegt hatte: Die Todesanzeige von Bubi. Er war damals im Prozess zu zehn Jahren Jugendstrafe verurteilt worden und 1968 wieder freigekommen. Am 29. März 1991 ist er gestorben. Ein Pensionär, dem seine Firma für die jahrzehntelange Treue dankte: Sein fachliches Urteil in allen Fragen des Pflanzenschutzes und seine Persönlichkeit wurden stets geschätzt. Wir werden ihn in guter Erinnerung behalten. Wir auch.

Auch der Rapportführer sitzt in Frankfurt auf der Anklagebank. Er platzt fast vor Wut und durch Gesten und Grimassen demonstriert er immer wieder seine Empörung und sein Unverständnis: Warum ist er hier, wo man doch die Großen hat laufen lassen? Wie alle anderen, die hier neben ihm sitzen, war doch auch er nur ein kleines Rädchen im Getriebe der Macht. Was hätte er denn sonst tun können? Befehl war doch Befehl, verdammt nochmal! Er wirkt geradezu gekränkt angesichts der Vorwürfe, und bei den Zeugenaussagen schüttelt er immer wieder den Kopf: Letztendlich sei doch auch er ein Opfer dieser Zeit gewesen. Glauben denn diese Leute wirklich, dass es ihm Spaß gemacht hat, in Auschwitz der Rapportführer zu sein? Wir, seine Opfer, sind fassungslos angesichts dieses absurden Theaters, wir ballen unsere Hände im Gerichtssaal beim Anblick der dreisten Bestie, die dieser Mensch in Auschwitz gewesen ist. Und wenn all die Toten hereinkommen würden, die er auf dem Gewissen hat, würden die Plätze im Gerichtssaal nicht reichen. Später werden wir erfahren, dass er nach dem Krieg als Pfleger in einem Krankenhaus gearbeitet hat und die Patienten ihn wegen seiner Fürsorge »Papa« genannt haben. Sie schreiben sogar an das Gericht, um seine Menschlichkeit zu bezeugen. Immer wieder werden die Deutschen darauf herumreiten, es gibt keinen Zeitungsbericht, der »Papa« nicht erwähnt. Zeit für uns, in diesem Gerichtssaal und hier und heute endlich das Offensichtliche zu begreifen, den Unterschied zu erkennen: Der Unterschied, das sind wir. Mit uns und in Auschwitz konnte »Papa« nicht menschlich sein. Wir waren doch Untermenschen.

Wir werden in diesen Tagen in Frankfurt durch freundliche Menschen betreut: Sie spüren, dass der Schmerz aus unserer Haut tritt wie Blut, dass wir anfällig, überempfindlich und verletzlich sind: Wir, Männer im besten Alter, denen das peinlich ist, aber was können wir tun: Wir sind nach Frankfurt gereist und in Auschwitz angekommen. Nachmittags holen uns zwei ältere Damen im Hotel ab, um uns in ein Kaffeehaus einzuladen. Als wir auf unserem Weg an einem Kaufhaus vorbeikommen, fragen sie, ob wir einen Blick hineinwerfen wollen. Der Überfluss, das Licht und die Menschenmassen erdrücken uns fast, in der Lebensmittelabteilung sind Dinge aufgeschichtet, die wir so zu Hause noch nie gesehen haben. Ich hebe ein kleines Glas an, dessen Deckel mit rotem Stoff umhüllt ist, der von einem kleinen goldenen Seil festgehalten wird. Was ist das?, frage ich eine der Damen. Sie schaut auf das Etikett: Oliven, das sind Oliven. Ich hebe das Glas an, in der Brühe schwimmen kleine schwarze Kugeln, die ein bisschen glänzen: So klein sind Oliven, und ich denke an Marios, seine Begeisterung, seine Freude am Leben, die selbst dort immer spürbar war, sein Leuchten: Auch in ihm war die Sonne versteckt. Darf ich Ihnen die Oliven als kleine Erinnerung schenken?, fragt mich die Dame, die gemerkt hat, welche Wellen über mir zusammenschlagen. Als wir wieder auf der Straße stehen, schaut sie mich an: Ich würde Sie gerne noch etwas fragen, aber Sie müssen nicht antworten, wenn sie nicht möchten: Wie war es dort? Und wie aus der Pistole geschossen, antworte ich ihr: Dort waren Eisenbahnschienen, es gab Öfen und es war sehr heiß und sehr gefährlich.

Durch die Knochen bis ins Herz

Wir haben uns so gut wie nie gesehen, aber wir haben uns gerochen. Wir haben uns im Vorbeihasten in Pfützen gesehen, wenn es regnete oder manchmal in den kleinen, fast blinden Fensterscheiben unseres Blocks, die nie geputzt wurden. So wie wir leben mussten, ist einem der Wunsch, sich zu sehen, doch mit jedem Tag mehr und mehr vergangen. Wenn ich mich sehen wollte, guckte ich nach innen: Meine Eltern hatten mir zu meinem vierzehnten Geburtstag eine Matrosenbluse geschenkt, die ich sehr liebte. Also habe ich in meiner Erinnerung immer die Matrosenbluse getragen. Ich stand vor dem Spiegel in unserer Wohnung und habe mich gemustert: Mir gefiel, was ich sah, und so habe ich gelächelt. Und mich dann ganz schnell geschämt und eine Grimasse gezogen: Bei uns in der Familie war Eitelkeit verpönt, und vor dem Spiegel stand man nicht lange.

Was in dieser Welt alles fehlte, merkte man erst Schritt für Schritt. Jeden Tag schoss einem eine neue Überraschung durch den Kopf. Erst hier wurde uns deutlich, wie selbstverständlich wir in unserem Leben herumspaziert waren: Da gab es Spiegel, es gab Seife und Treppen, die man hinunterklapperte, die Töne des Radios durch die noch geschlossene Wohnungstür, bevor die Mutter uns öffnete. Es gab den Brotkasten und das Brot darin und den Tisch, um den wir uns alle versammelten, der Vater am Kopfende: Herr Präsident, nannte ihn unsere Mutter manchmal im Scherz. Jetzt war die Seife weg und die Treppen, und wo Mutter und Vater, wo die Geschwister waren, wusste ich nicht, und ich wollte und konnte nicht daran denken.

Ich war ohne Schulabschluss ins Lager gekommen. Als hätte man für das Lager oder die anderen Orte einen Schulabschluss gebraucht. Und dennoch macht es mich bis heute wütend, dass sie mir damals den Schulabschluss geraubt haben. Sie hatten uns alle ins Ghetto verfrachtet und dort 1942 die Schulen endgültig abgeschafft, vor meiner Matura. Früher in der Kindheit war der Hof hinter unserem Haus unser zweites Zuhause gewesen: Wir spielten und spielten und waren deshalb oft mit den Hausaufgaben noch nicht fertig, wenn unser Vater von der Arbeit kam. Er hörte hinter seiner Zeitung, wie wir über den Hausaufgaben murrten, und wenn er genug davon hatte, sank die Zeitung nach unten und er sagte in strengem Ton: Der Schulabschluss ist das Wichtigste, ihr müsst einen Schulabschluss haben. Ohne Schulabschluss ist man nichts. Die Matura ist der Anfang. Und wenn der Anfang fehlt, kommt am Ende nichts Gutes heraus. Dann stieg die Zeitung wieder nach oben, und wir brachten unsere Aufgaben schweigend zu Ende. Wir liebten unsern Vater, und wir wollten den Herrn Präsidenten nicht enttäuschen, niemals.

Während all der Verrichtungen, zu denen sie uns getrieben haben, wollten sich immer wieder Gedanken in mir festsetzen, die, hätte ich sie zugelassen, wie Flutwellen über mich gekommen wären. Ich wollte nicht an meine Mutter denken, besonders an sie nicht, ich musste meine Gedanken in eine andere Richtung zwingen: Also dachte ich daran, dass wir hier keine »Wechselwäsche« hatten. Ich habe schon als Kind diesen Begriff bestaunt, der meiner Mutter so wichtig war und in dem sich heute für mich die ganze Liebe und Ordnung unserer Kindheit zusammenfügt. Früher dachte ich: Ich wechsele mich doch nicht mit der neuen Wäsche, die unsere Mutter uns aus dem Schrank hingelegt hat. Ich bleibe doch immer dieselbe. Hier war ich mir nicht sicher, ob ich noch dieselbe war. Ich schaute an mir herunter, der grobe Stoff des weißblauen Häftlingsanzugs scheuerte auf meiner Haut und schlotterte um meinen Körper herum, als stünde ich ständig in eisigem Wind.

Im Ghetto habe ich begonnen, mich von meinen Eltern zu entfernen. Je dichter wir alle in unserer primitiven Stube aufeinander hockten, umso launischer suchte ich die Distanz, und umso begieriger erwartete ich jeden neuen Morgen, um zu den Räumen hinzustürzen, die »Mittelschule« genannt wurden. Jungen und Mädchen wurden gemeinsam unterrichtet, das heißt, wir wachten alle gerade auf, um ein bisschen erwachsen zu werden. Sicher, da waren Blicke, scheu und vorsichtig, aber unsere Herzen gehörten in diesen Monaten der Politik. Wir haben alles, was die Lehrer bieten konnte, in uns aufgesogen. Wir wussten, dass über uns der Hass der Deutschen hing und jeder Tag der letzte sein konnte. Wir würden lange von unseren Vorräten leben müssen. Und so ist es dann ja auch gekommen. Wir blieben auch nach den Schulstunden zusammen. Es gab unter uns große Theoretiker des Kommunismus, die uns genau erklären konnten, warum die Deutschen mit ihrem Faschismus letztlich scheitern würden und warum der Antisemitismus, mit dem sie uns hinter Stacheldraht hielten, eine Blödheit war, die in einer aufgeklärten und zukünftigen Welt nie Bestand haben würde. Die Jungen pumpten sich bei diesen Redeschlachten auf wie die Maikäfer, wir Mädchen hörten zu. Meine Augen zog es immer wieder zu Henryk. Und wenn ich nicht schaute, schaute er. Ab und zu stürzte er sich in die Debatte, um mir zu imponieren. Ich hoffte jedenfalls, dass dies der Grund war.

Meine Eltern wurden im Ghetto grauer und gebückter. Man konnte die Sorgen und das Leid, uns nicht beschützen zu können, an ihren Gesichtern und ihrer Haltung ablesen. Sie bemühten sich um Gelassenheit und Mut, aber ihre Angst hockte in unserem Zimmer wie ein zu groß gewordenes Tier. Sie behandelten mich noch immer wie ein Kind, und auch deshalb gingen mir ihre scheinbar unerschütterliche Freundlichkeit und ihr Versuch, in diesem Loch an einem normalen Familienleben festzuhalten, entsetzlich auf die Nerven. Das alles kam mir feige und heuchlerisch vor. Sie waren dumm und zurückgeblieben, weil sie nicht wussten, was ich über die glänzende Zukunft der Menschheit wusste, und der Wall aus Arroganz und Verachtung, den ich längst um mich herum errichtet hatte, war für mich und für sie unüberwindbar. Jeden Tag standen sie vor mir wie das graue Gestern, und ich als Heldin der Zukunft blickte von oben auf sie herab. Ich schäme mich noch heute dafür, dass in diesen Ghettomonaten der Hochmut und meine Ungeduld mit ihnen mit jedem Tag mehr in mir wuchsen. Erst hier, in der nächsten Station, als wir schon getrennt waren, habe ich mich an ihre leisen nächtlichen Gespräche erinnert, an ihre Angst und ihre entsetzliche Sorge um uns, die sie in die Dunkelheit flüsterten. Mein Herz brennt vor Scham, wenn ich an den Hochmut denke, dem ich verfallen war. Nie mehr werde ich ihnen sagen können, dass ich sie liebe, dass ich sie liebe, dass ich sie liebe.

Manchmal gelang es mir, mit meinen Gedanken durch den Stacheldraht zu gehen. In meiner Matrosenbluse machte ich mich auf den Weg nach Hause. Schon in der Kindheit waren wir häufig sonntags zur Piotrkowska-Straße geschlendert. Die Eltern hatten uns fest an der Hand gehalten, damit wir inmitten der vielen Menschen nicht verloren gingen. Da war der Blumenverkäufer mit seinem großen Schnurrbart, der an jedem Morgen seinen Stand an derselben Ecke aufbaute und abends wieder zusammenklappte. Wir haben ihn viele Jahre gesehen, bis er eines Tages nicht mehr da stand, wo er immer gestanden hatte. Er war und blieb verschwunden. Das Einzige, was noch an ihn erinnerte, waren die Abdrücke, die die Holzpfosten seines Standes über die Jahre auf den Platten des Bürgersteiges hinterlassen hatten. Welche Spuren würden von uns bleiben? Ich wusste längst, was der Rauch bedeutete.

Auf der Pritsche in unserer Baracke lagen wir zu fünft. Drei Pritschen übereinander. Wenn wir oben lagen, konnten wir durch die Ritzen zwischen Mauer und Dach die Sterne sehen. Aber auf diese Romantik hätte man gerne verzichtet, denn durch die Ritzen zog es jämmerlich, und wenn es regnete, wurde man selbst im Schlaf durchnässt. Am begehrtesten war die Mittelpritsche, denn unten am Boden kroch einem die Feuchtigkeit durch die Knochen bis in Herz. Es gab oft Kämpfe um die Mittelpritsche, verzweifeltes Knuffen und Debattieren, bis die Blockälteste dem ein Ende machte und entschied, welche Gruppe heute wohinein zu kriechen hatte. Wir haben ihre Entscheidung immer akzeptiert. Sie hieß Dvorka und war trotz ihrer Funktion eine von uns geblieben. Manchmal dachte ich, dass sie uns umkreiste wie ein Hütehund eine Schafherde. Aber wir akzeptierten ihre Härte und ihre Autorität, weil sie uns vor den Wölfen schützen wollte.

Dvorka sprach Polnisch und Russisch gleichermaßen fließend. Wir wussten nicht, wohin sie gehörte. War sie Polin oder Russin? Sie selbst erzählte nichts. Sogar in den Abendstunden, wenn die Dunkelheit über den Block fiel und das Lager seufzend und ächzend in die Ferne zu rücken schien, wurde sie nicht gesprächig, wie so viele von uns, die dann die Nähe zueinander suchten. Manche fanden Worte, um ihre Kindheit in einer anderen Welt zu beschreiben, oder sie erzählten von der Schule, als würden sie morgen wieder hingehen. Und mit jedem Wort, das fiel, stocherten wir nach der Freiheit, die uns einst so selbstverständlich umgeben hatte und die uns jetzt so grausam fehlte. Wir hofften, dass sie irgendwo noch existierte und dass noch ein bisschen Freiheit für uns übrig sein würde, wenn dies alles vorbei war. Aber unter uns gab es auch welche, die gar nicht mehr in der Lage waren, mit ihren Gedanken das Lager zu verlassen, und all diesen Erzählungen misstrauten: Welche Welt sollte das gewesen sein? Es gab doch keine Welt außer derjenigen, in der wir miteinander in all unserem Elend auf dem klammen Boden hockten. Und in die Stille hinein begann Basia von ihrer neuen Arbeitsstelle zu erzählen. Sie arbeitete jetzt in Harmęże auf der Geflügelfarm der SS, wo sie mit anderen Häftlingen tausende von Hühnern, Enten, Puten und Gänsen zu versorgen hatte. Wenn die Aufseherinnen oder Aufseher nicht hinsahen und das, was sie verfüttern sollten, nicht allzu ekelhaft aussah, langten auch sie mit gierigen Händen in die Eimer. Und Basia plapperte weiter, dass einer der männlichen Häftlinge ihr beschrieben habe, wie sie vor Kurzem in seinem Block im Männerlager Ratten gefangen und gegessen hätten. Sie schmeckten wie Huhn oder wie Schwein, oder wie irgendwas dazwischen, aber man müsste sie erstmal haben. Keine von uns schüttelte sich. Ratten, warum nicht?

Die Nächte. Eng aneinandergepresst gaben wir die kümmerlichen Reste unserer Körperwärme ab und waren dankbar für die, die wir empfingen. Manche murmelten oder stöhnten leise. Schliefen wir traumlos? Ich erinnere mich nicht an Träume. Ich erinnere mich, dass jede Sekunde der Ruhe und des Schlafs so unendlich kostbar war, dass die meisten von uns sofort vor Erschöpfung in den Schlaf fielen wie in ein dunkles, unermessliches Loch: Man fiel und fiel, tief und tiefer, und erwartete den tödlichen Aufschlag in jeder Sekunde einer jeden kurzen Nacht. Morgens rissen uns die Trillerpfeife und die Kommandos der Blockältesten hoch und wir stürzten direkt von der Pritsche in einen neuen Tag. Sie brachten den Kübel mit der Morgenbrühe, ein fauliger Gestank stieg uns entgegen, wenn Dvorka den Deckel öffnete und sich als Erste bediente. War es Tee, war es Kaffee? Es war wie die Ratten, irgendwo dazwischen. Wir tranken hastig, damit noch Zeit blieb für ein paar Tropfen Wasser in der Waschbaracke und für die Latrine. In Scharen hasteten wir Frauen dorthin, Gedrängel, böse Worte in vielerlei Sprachen, schnell, schnell, die Zeit läuft uns davon, der Morgenappell: Antreten!

Ich weiß nicht mehr, wann ich begonnen habe, Gedichte zu lieben. Ich liebte die Rhythmen und die Reime und besonders liebte ich Frau Sadowska, die Lehrerin in der dritten Klasse, die diese Liebe in mir geweckt hat und Tuwim und Tetmajer so wunderbar vortragen konnte, dass sogar die Jungen in unserer Klasse mit offenen Mündern dasaßen. Und ich lernte gerne auswendig. Die anderen stöhnten, aber mir rollten die Verse entgegen wie Äpfel aus einem Korb. Natürlich habe ich selber versucht, Gedichte zu schreiben. Hier schreibe ich nichts. Es gibt kein Papier und auch keinen Bleistift, es gibt auf der Latrine nicht mal Toilettenpapier. Dann nehmen wir Zeitungspapier, hat Basia anfangs gelacht, aber heute haben sie wohl die Zeitungen nicht geliefert. Sie war aus Warschau. Basia lag mit auf meiner Pritsche, und mit der Zeit war eine Nähe zwischen uns entstanden, die uns dazu brachte, aufeinander aufzupassen und möglichst viele Dinge gemeinsam zu tun, soweit das möglich war. Und so rannten wir jeden Morgen gemeinsam zur Waschbaracke, reihten uns ein in die Schlange vor den Latrinen und hockten uns nebeneinander auf die Löcher in den Betonreihen, auf denen schon auf beiden Seiten viele Frauen saßen, die sich bemühten, schnell fertig zu werden, damit die, die draußen warteten, auch noch drankamen.

Wir hörten die Geräusche, wie wir uns entleerten, wie die faulige Brühe aus den Kübeln, das verdorbene Essen, das uns täglich vorgesetzt wurde, und das, was in den Eimern für die Hühner gewesen war, aus uns heraus in die Tiefe der Latrine stürzte, und an jedem Morgen war dies der Moment der Erkenntnis, in dem mir überdeutlich wurde, was sie aus uns gemacht hatten und was aus uns geworden war. Ich sah nicht mich, aber ich sah die Anderen, wie sie zusammengesunken auf den Latrinen hockten, und ich roch, wie unser aller Gestank wie eine einzige große, alles verzehrende Welle über uns zusammenschlug. Und in dem Moment, in dem ich mich zum ersten Mal am liebsten fallen gelassen hätte, hinunter in die tiefste Tiefe unserer Ausscheidungen, hörte ich Basias Stimme an meinem Ohr:

> »Lecz słowom mego gniewu daj błysk ostrej stali,
> Brawurę i fantazję, rym celny i cienki,
> Aby ci, w których palnę, prosto w łeb dostali
> Kula z sześciostrzałowej, błyszczącej piosenki!«

Es war Julian Tuwim, den sie zitierte:

»Doch leihe meinem Zorn die Glut vom Höllenofen,
Bravour und Phantasie und Rhythmus, spitz und edel,
Damit ich mit dem Feuer meiner hellen Strophen
Auch treff, auf die ich ziele, mitten in die Schädel!«

Und ich antwortete, mein Mund an ihrem Ohr, mit den Versen von Tetmajer, die mir in den Sinn kamen:

»Cicho, cicho, nie budźmy śpiącej wody w kotlinie,
lekko z wiatrem pląsajmy po przestworów głębinie ...«

»Leise, leise, wir wolln das Wasser im Tal nicht wecken,
tanzen wir leicht mit dem Wind zwischen den Wolken-
hecken ...«

Wir lächelten, wir zogen uns die Hose hoch. Und ich war gerettet.

Eine Ameise kommt immer davon

Mein Bruder Ernö war ein sanfter Riese. Das hat unser Vater nie begriffen. Für ihn war Ernö der Stier der Familie und ich, Gabor, war in seinen Augen der Ängstliche, der Träumer, der mit den Büchern. Und all das, was er in mir sah, stand wie eine Mauer zwischen uns beiden und, seiner Meinung nach, auch zwischen mir und dem wirklichen Leben, das für ihn aus nichts anderem zu bestehen hatte als der täglichen körperlichen Arbeit und dem täglichen Gebet. Bücher verdienen kein Geld, das war seine Überzeugung, und deswegen hat er mich in eine Schlosserlehre hineingezwungen, so wie er abends die Hühner in den Hühnerstall trieb: Laut kommandierend und mit den Armen wedelnd brachte er sie vor dem allgegenwärtigen Fuchs in Sicherheit, und so, glaubte er, müsste er auch mich vor einem falschen Leben in Sicherheit bringen. All die Jahre hat er Ernö wirklich für einen Stier auf zwei Beinen gehalten, aber mein Bruder und ich, wir wussten es besser: Mein sanfter älterer Bruder! Mein Bruder, der doch unter mir und unter meinem Jähzorn zu leiden hatte, der mir die Hand auf den Unterarm legte und leise sagte: Gabo, bitte.

Ernö schien immer mehr zu wachsen. Er hatte auf Wunsch unseres Vaters Eisenbieger lernen müssen, und davon zeugten mittlerweile auch seine Muskeln und sein Oberkörper. Seine Hemden hatten große Mühe, mit diesem Brustkorb und den dazugehörigen Oberarmen fertigzuwerden, und aus den Hemdsärmeln ragten Ernös Hände, als wollten sie ihm schon ein Stück vorauslaufen. Ich hatte das Wachstum dieser Hände mit ehrfürchtigem Staunen verfolgt und spürte, wie hart und schwielig sie waren, wenn er mir bei einem meiner Anfälle seine Hand auf den Arm legte. Innerlich aber war mein Bruder das ganze Gegenteil seiner äußeren Erscheinung. Er konnte keiner Fliege etwas zuleide tun, allem Lebenden gegenüber war er höflich und geduldig, und wenn ich ihn fragte, wie er mit seiner ständig wachsenden Kraft zurechtkäme, sagte er: Sie ist nur für die Arbeit, für das Eisen. Sonst will ich sie nicht haben. Ernö lebte immer noch bei uns, und ich war stolz, wenn wir zusammen durch die Stadt gingen und die Blicke der Menschen auf den großen Mann fielen, der mein Bruder war.

Schon sehr früh in meiner Jugend habe ich gespürt, dass in der Stadt etwas brodelte und die Welt und die Menschen um mich herum zerrissen oder mit einer schweren Last beladen waren. Die Lehrer in der Schule glühten vor Schmerz und Zorn, wenn sie über das große Unrecht sprachen, das den Ungarn nach dem Ersten Weltkrieg angetan worden war. Und immer wieder beschworen sie jenen Schandvertrag von Trianon, mit dem wir einen großen Teil unseres Territoriums verloren hatten, und ihre Hände zuckten anklagend in Richtung der Grenze, die nach Trianon nur zwanzig Kilometer hinter unserer Stadt verlief: Nem! Nem! Soha! – Nein, nein, niemals! – riefen sie aus, und auf ihr Kommando hin fielen wir brüllend ein: Nem! Nem! Soha!, Nem! Nem! Soha! In der Stille danach standen die Lehrer gedankenverloren vor der Klasse, wir sahen, wie es in ihnen brütete, bis sie den Kopf hoben und leise, fast wie zu sich selbst, flüsterten: Irgendwann, irgendwann, und ihre Finger dabei in der Luft standen wie abgeschossene Pfeile. Unser Vater nannte das »die Stimmung«. Die Stimmung ist schlecht, sagte er, wir müssen uns vorsehen. Und als ich fragte, warum wir uns vorsehen müssten, sagte er bloß: Das haben wir 1920 schon einmal erlebt. Sie lassen ihren Zorn an uns aus. Es gab etwas mehr als zweitausend Juden in Békéscsaba, und die Älteren unter ihnen erinnerten sich gut an die antisemitischen Ausschreitungen, die es 1920 in der Stadt gegeben hatte, aber sie sprachen darüber nur flüsternd, als ob es ein Geheimnis sei, das nur sie, die Erwachsenen, etwas anging.

Ab 1933 schien das »irgendwann« immer näher zu kommen. Unsere Nachbarn schauten sehnsüchtig nach Berlin. Er, der Führer, würde gemeinsam mit unserem Admiral Horthy die ungarische Nation von der Schmach von Trianon erlösen, und die Grenze hinter unserer Stadt würde von der Landkarte und aus der Realität verschwinden, als hätte es sie nie gegeben. Und dass Hitler von Anfang an keinen Zweifel daran ließ, was er von den Juden hielt und wie er mit ihnen zu verfahren gedachte, kam noch hinzu und ließ nicht wenige unserer Lehrer beifällig nicken. Sie nickten in Richtung der jüdischen Schüler, und wir schlugen unsere Augen nieder, damit ihre Blicke uns nicht trafen. So sollte es sein in der Welt, sagten diese Blicke, und so müsste es auch in Ungarn weitergehen, denn Ungarn und Deutschland, die würden zusammengehen bis zum Ende. Es war Ernö, der mir dies alles erklärte. Er war acht Jahre älter als ich, und er las regelmäßig zwei Zeitungen, die jüdische, die in Békéscsaba gedruckt wurde, und den Pester Lloyd, den er sich aus Budapest bestellt hatte. Er erklärte es mir auf dem Weg, wenn ich ihn manchmal von der Arbeit abholte, weil er nicht wieder mit unserem Vater in eine Diskussion über die »Stimmung« geraten wollte. Erst vor wenigen Tagen hatte ich zufällig gehört, wie die beiden abends heftig miteinander gestritten hatten: Es ist zum Verrücktwerden, hatte Ernö gesagt, wir sollten machen, dass wir hier wegkommen, egal wohin. Wollt ihr 1920 noch einmal erleben? Aber ihr habt euch entschieden, nicht nur taub zu sein, ihr seid auch noch blind! Denn auch auf den Straßen der Stadt sah man jetzt häufiger jene Blicke, die ich von meinen Lehrern kannte und die uns angriffslustig oder hämisch streiften. Aber wenn ich mit meinem Bruder durch die Stadt ging, waren es die Anderen, die ihre Augen niederschlugen, als sei nichts gewesen. Und dennoch muss mein Bruder noch mehr als ich gespürt haben, dass es immer heftiger brodelte, denn er nahm meine Hand, obwohl ich doch schon acht Jahre alt war. Wann würde ich so groß sein wie er?

Ich wusste, dass ich in einem Jahr erwachsen sein würde. Die Schule war mittlerweile ein Elend, weil die meisten Lehrer ihren Zorn und ihre Verachtung gegenüber den Juden längst nicht mehr verbargen und immer lauter durch die Klassen paradierten. Ich war froh, ihren Drohungen und ihren blitzenden Augen bald entkommen zu können, denn mein Vater hatte den Lehrvertrag mit Arpad, dem Schlosser, schon per Handschlag besiegelt. Du wirst ein Schlosser, sagte mein Vater, das ist ein ehrbares Handwerk. Ich bemühte mich, meinen heiß aufsteigenden Zorn zu verbergen, allein meine Mutter sah, wie mir vor Wut die Tränen in die Augen schossen. Abends, als nur noch eine Kerze in unserer Stube brannte, und wir Kinder schon alle in den beiden großen Betten lagen, die wir miteinander teilten, hörte ich, wie meine Mutter leise bittend zu meinem Vater sagte: Muss er denn wirklich Schlosser werden? Er will es doch nicht, könntest du nicht? Aber mein Vater fuhr ihr über den Mund: Schluss jetzt, er wird Schlosser, wir werden bald sehr dankbar sein, dass da jemand ist, der das Schloss in unserer Haustür verstärken kann, und dann will ich dir noch etwas sagen: Hör auf, Ernö mit deinen Heiratsvorschlägen zu bejammern. Ich bin froh, dass der Bursche bei uns ist, und bete, dass das noch lange so bleibt. Die Leute wissen, welche Kraft hinter diesen Wänden zu Hause ist, und werden sich hüten, uns zu behelligen. Und in diesem Moment zog Ernö leise die Haustür hinter sich zu und betrat die Stube. Er arbeitete jetzt in Gyula und hatte zur Arbeit einen weiten Weg. Das war 1938, und ich war dreizehn Jahre alt.

Heute bin ich meinem Vater dankbar, dass er mich hat Schlosser lernen lassen. Auch wenn ich später, als ich allein geblieben war, einen ganz anderen Weg genommen habe. Oft rufen mich die Nachbarn in unserem Wohnblock oder aus der Siedlung herbei, wenn sie Schwierigkeiten mit ihren Schlössern und Angst vor Einbrechern haben. Für sie bin ich der Schlosser, mein Vater würde sich freuen. Damals jedoch hätten keine tausend Schlösser an unseren Türen das verhindern können, was geschehen ist, und auch Ernö war machtlos gegenüber dem Hass, der über uns hereinbrach und der die Straßen zum Kochen brachte. Wir gingen kaum noch aus dem Haus, die kleineren Kinder drängten sich um unsere Mutter, aber vor dem Brüllen der Straße konnten wir uns nicht verstecken. Es kam immer näher.

1941 musste auch ich zum Arbeitsdienst einrücken. Sie ließen uns mit Gaunern und Dieben arbeiten, um ihnen und uns zu zeigen, wo wir hingehörten. Die Arbeit war hart, obwohl ich körperliche Arbeit dank Arpad, meinem Lehrmeister, gewohnt war. Härter zu ertragen als die Arbeit und der Dreck in den Baracken, in denen sie uns untergebracht hatten, war der Hass, mit dem sie auf uns alle herabschauten. Einer unserer Wachleute war Imre, der in der Schule zwei Klassen über mir gewesen war. Seine Eltern bewirtschafteten einen kleinen, geduckten Bauernhof am Rande der Stadt. Fast tagtäglich war er auf dem Schulhof gehänselt und verspottet worden, weil er meistens ohne Schuhe zum Unterricht gekommen war. Irgendwann hatte der Kaplan, der Religion unterrichtete, zu einer Sammlung für ihn aufgerufen, damit sich »der arme Junge« Schuhe kaufen konnte. Meine Freunde und ich sahen ihn oft an den Nachmittagen, wenn wir auf den Gemeindewiesen vor der Stadt herumstromerten: Barfuß, mit einer Weidengerte in der Hand, hütete er die einzige Kuh, die der Familie gehörte. Jetzt war er kein Schulkamerad mehr, jetzt hatte er eine Peitsche. Immer wieder ließ er sie knallen, um uns in Angst und Schrecken zu versetzen. Er tat so, als ob er mich nicht erkannt hätte, und lächelte nur höhnisch, wenn sich unsere Blicke trafen. Zum Glück im Unglück hatten sie mich in das Lager geschafft, in dem auch Ernö und mein Vater waren. Auch mein Vater zuckte zusammen, wenn Imre seine Peitsche schwang. Ernö wich nicht von seiner Seite, die Arbeit war viel zu schwer für meinen Vater. Wir schotterten eine Eisenbahnstrecke und verlegten dann neue Eisenbahnschwellen, die mit Teer getränkt waren, der sich immer tiefer in unsere Hände hineinfraß. Oft sah ich meinen Vater mit seiner Schaufel innehalten, um Luft zu holen, er konnte nicht mehr. Bis Imre, der Aufseher, ihn mit dem Knall seiner Peitsche aufspürte und mein Vater hastig und schuldbewusst wie ein Kind, das beim Lügen ertappt worden ist, seine Schaufel in den Schotterberg hineinstieß, der vor ihm aufragte und viel, viel größer war als er.

Mehr noch als unsere ungarischen Antisemiten fürchteten wir in diesen Jahren die Deutschen. Manchmal gingen unter uns Gerüchte umher, wie in Deutschland und den von Deutschland besetzten Gebieten mit den Juden umgegangen würde, und wir hofften sehr, bis zum Ende des Krieges nicht in ihre Hände zu fallen. Das alles änderte sich am 19. März 1944. Die Wölfe waren schneller im Land, als wir je erwartet hatten, und wir drängten uns in unserem Haus zusammen wie eine verängstigte Herde Schafe. Gleich nach dem Einmarsch war unser Arbeitslager aufgelöst worden, und man hatte uns nach Hause entlassen. Unser Vater gab Durchhalteparolen aus. Immer wieder hob er den Zeigefinger seiner rechten Hand: Die Russen sind doch schon an den Karpaten. Es wird nicht mehr lange dauern. Bald, bald sind sie hier. Bald. Abgemagert und blass sah er aus, wie ein dünner, vom Sturm zerzauster Baum, der kaum einen weiteren Windstoß überstehen würde. Ernö schwieg und sah auf den Fußboden, als mache er sich Vorwürfe, dass er uns nicht habe beschützen können. Wo Imre wohl jetzt war? Was machte er jetzt mit seiner Peitsche?

Sie haben nicht lange gebraucht. Am 11. Mai mussten alle jüdischen Familien ihre Häuser verlassen und in einen Sperrbezirk umziehen. Sie hatten die zwei Monate seit März gut genutzt. Die Listen waren fertig, sie hatten niemanden vergessen. Die Deutschen hatten alles gefunden, was ihnen unsere ungarischen Nachbarn gezeigt hatten. Mitte Juni packten wir auf ihren Befehl hin erneut unsere Bündel, Körbe und Koffer zusammen. Unter Bewachung wurden wir zu den Gebäuden der ehemaligen Tabakverarbeitung geführt, wo sie ein sogenanntes Ghetto eingerichtet hatten. Dort kampierten wir in einem Zimmer. Wir alle wurden immer schwächer. Unser Vater stand kaum noch auf, aber immer noch erhob er den Zeigefinger: Die Karpaten, die Russen, bald, bald! Es klang wie eines seiner Gebete. Nur zwei Wochen später haben sie den ersten Transport zusammengestellt. Ernö und ich standen auf der Liste. Die anderen blieben noch verschont. Wir wussten nicht, wohin sie uns bringen würden. Am 26. Juni 1944 verließ unser Zug den Bahnhof in Békéscsaba. Wir lagen im Stroh, in dem Waggon roch es noch nach Tabak, wir waren etwa achtzig Personen. Ernö saß neben mir und legte mir die Hand auf den Arm, wie damals, als ich acht Jahre alt gewesen war.

Es war Ernö, der aufstand, als der Zug nach drei Tagen zum Halten kam. Wir ahnten, dass dies nicht eine jener kurzen Unterbrechungen war, die es zwischendurch immer wieder gegeben hatte, sondern dass wir an unserem Ziel angekommen waren. Als die Menschen zu murmeln begannen, hob Ernö seine Hand, und wir lauschten alle nach draußen. Wir hörten menschliche Stimmen, ein Gewirr, ein leises, beständiges Brausen und Anordnungen, die in deutscher Sprache klar und laut bis in den Waggon hinein zu verstehen waren. Dann lachte jemand. Jemand, der hier lachen durfte: ein lautes und bellendes Dröhnen, das auf- und abschwoll und in das jetzt auch mehrere Hunde eifrig einfielen. Alle vor dem Waggon Versammelten schienen in großer Spannung auf das Öffnen der Waggontüren und unser Erscheinen zu warten. Auf ewig werde ich mich an diesen schier endlosen Moment erinnern, als die Türen noch geschlossen waren und wir immer noch hofften, dass es so schlimm nicht werden würde. Dann wurden die Türen unseres Waggons jäh aufgestoßen, ein gleißendes Licht stürzte in die Dunkelheit, die uns so lange eingehüllt hatte. Doch wir sahen nichts.

Mein Bruder ließ sich als Erster auf den Erdboden hinunter, in seiner sorgsamen Behutsamkeit half er den Anderen, den Wagen zu verlassen. Ich reichte den Menschen ihre Koffer und Bündel hinterher und kletterte dann als Letzter nach unten. Aus dem Nachbarwaggon ließen die Menschen in diesem Moment Gyuri herab, der auch in unserer Straße gewohnt hatte und Schneider war. Auch er war groß, wie Leuchttürme ragten Ernö und er aus der Menschenmenge. Gyuri schaute in meine Richtung, aber er schien durch mich hindurch zu sehen und er hatte keine Hose an und nur einen Schuh. Sein langes weißes Hemd flatterte um seine nackten Beine. Niemand von denen, die uns erwarteten, beachtete ihn, und auch Gyuri schien nichts von dem zu sehen, was um ihn herum vorging. Eine Frau, die neben Gyuri stand, bemerkte meinen Blick, hob ihre Hand zu ihrer Stirn, drehte sie im Kreis und zeigte mit der anderen Hand auf den Schneider. Ich sah seine langen Beine und dachte an meinen Vater, der immer gesagt hatte: Wo dieser Schneider auf dem Tisch seine Beine hinpackt, werde ich nie verstehen. Jetzt waren seine Beine nackt, und ich war sicher, dass sich Gyuri zu Tode schämen würde, wenn er wüsste, dass er halbnackt unter all diesen Menschen und vor den Deutschen stand, deren Stiefel glänzten und glänzten. Ganz nah drängte ich mich an die Seite meines Bruders, wir mussten zusammenbleiben, unbedingt! Auch er hatte Gyuri gesehen, den Schneider aus unserer Straße, der seine Hose und seinen Verstand verloren hatte.

Um mich herum schwollen die Geräusche an. Menschen, denen ihre Angehörigen im Gedrängel des Ausstiegs abhandengekommen waren, riefen deren Namen. Kinder weinten, und ich habe alte und junge Frauen gesehen, die sich hinknieten, um die Kinder zu beruhigen. In den Gesichtern stand die blanke Panik, voller Angst fielen heimliche Blicke auf die Uniformierten: Sie waren da, um das Urteil zu vollstrecken. Doch wer würde es verkünden? Das Weinen der Kinder, die die Verzweiflung der Erwachsenen spürten, schwoll an zu einem Konzert, das ich ebenfalls nie vergessen werde. Gyuri stand immer noch stocksteif auf demselben Fleck Erde, als ob man ihn dort angenagelt hätte. Langsam hob er seine beiden Hände bis zum Kopf, als wolle er uns segnen, aber auf halbem Weg hielt er inne und presste seine Hände auf beide Ohren: In ihm war jetzt alles still.

Plötzlich hob einer der Uniformierten, der von zwei Hunden flankiert wurde, seine Hand und begann zu sprechen. Die Geräusche in den Reihen der Menschen fielen von vorne nach hinten in sich zusammen, Mütter legten ihren Kindern die Hand über den Mund. Pst! Das Weinen verebbte, als ob sich ein Leiterwagen mit einem quietschenden Rad langsam entfernte. »Ganz ruhig«, sagte der Mann, »alles ist in Ordnung. Ihr seid angekommen. Alles wird sich finden. Stellt euer Gepäck ab. Es wird in eure Quartiere gebracht. Wir haben Arbeit für alle von euch. Unterschiedliche Arbeit. Diejenigen unter euch, die alt, schwächlich oder krank sind, bitte hebt eure Hand. Wir haben leichte Arbeit für euch. Es ist vorgesorgt. Auch für Frauen und Kinder. Bitte hebt eure Hand.« Die ersten Hände gingen zögernd nach oben, es wurden immer mehr, ein Wald von Händen, auch die Kinder taten es den Erwachsenen nach. Vielleicht glaubten sie, in eine neue Schule zu kommen. Als mein Arm zu zucken begann, legte Ernö mir seinen Arm auf den meinen und flüsterte mir zu: Gabo, nicht melden, wir sind doch stark, wir können arbeiten. Und mein Arm blieb unten. Wir waren nur wenige, die sich für die schwere Arbeit entschieden hatten.

Man merkte gleich, dass sie ähnliches schon viele Male erledigt haben mussten. Alles griff ineinander, wie die Räder in einer großen Maschinerie. Sie befahlen, dass diejenigen, die zu schwerer Arbeit bereit waren, am Anfang der Kolonne Aufstellung nahmen. Zwischen uns und denen, die sich für die leichten Arbeiten gemeldet hatten, ließen sie zehn Meter Zwischenraum, und dann stellten sie die Menschen Reihe für Reihe auf, ein langer Zug, dessen Ende ich kaum sehen konnte, als ich mich umdrehte, um nach Gyuri zu suchen, aber meine Augen fanden ihn nicht. Vorwärts, Marsch!, rief einer der Uniformierten, und alles setzte sich in Bewegung. Hinter uns hörten wir das Pfeifen der Lokomotive, und in der Luft verlor sich der Rauch, als sich die Lok mit den leeren Waggons in Richtung Tor auf den Weg machte. Ich war mir sicher, dass sie Gyuri wieder in einen der Wagen hineingeworfen hatten. Hier war er den Deutschen doch zu nichts nutze. Als ich Ernö fragen wollte, ob wohl unsere Eltern und die Geschwister mit dem nächsten Zug gebracht werden würden, legte er nur den Finger auf die Lippen. Pst! Schweigend bogen wir in einen breiten Weg ein, der auf beiden Seiten durch Stacheldraht abgezäunt war. Man sah links und rechts Holz- oder Steinbaracken, spindeldürre Menschen in gestreiften Anzügen schauten durch den Draht zu uns herüber. Ich winkte ihnen zu, aber keiner von ihnen schien mich zu sehen, keiner winkte zurück. In der Reihe hinter uns sagte ein Mann zu seinem Nachbarn: Hier werden sie uns nicht viel zu essen geben. Schau, was denen dort drinnen auf den Knochen geblieben ist. Und der andere antwortete: Aber wir haben uns zu der schweren Arbeit gemeldet. Das wird etwas anderes sein. Sie wollen doch, dass wir etwas schaffen für sie.

Wir gingen etwa zehn Minuten, bis wir ein kleines Waldstück erreichten und plötzlich unter uns in den ersten Reihen Unruhe entstand. Wir hörten im Hintergrund laute Rufe, und beim Blick zurück stellten wir fest, dass wir von denen, die sich für die leichte Arbeit gemeldet hatten, schon ein ganzes Stück entfernt waren. Offenbar hatte man ihnen befohlen, in dem Waldstück stehen zu bleiben. Und während wir bei unserem Marsch nach links um eine Ecke bogen, sahen wir, wie sie nach rechts in das Waldstück treten mussten. Sie standen zwischen den Bäumen und winkten uns nach, als gingen wir auf eine lange Reise, und wieder hörten wir eine Stimme, diesmal aus einer der Reihen vor uns, wo Andor, der in meiner Klasse gewesen war, neben seinem Vater lief und jetzt zu ihm sagte: Wir werden sie doch nach der Arbeit in den Quartieren wiedersehen? Und der Vater nickte, während er noch einmal zurückschaute und zurückwinkte. Zwischen den Bäumen stand seine Frau, und neben ihr standen Andris und Palika, die beiden jüngeren Brüder von Andor, und auf dem Arm hatte sie die kleine Zsuzsa. Am selben Abend noch lagen Andor und sein Vater in der Pritsche über uns, sie rätselten halblaut, wann die anderen wohl kommen würden und wo sie in der Zwischenzeit wohl untergebracht wären. Aber sie sind nicht mehr gekommen. An diesem Abend nicht und an keinem anderen.

Unser Marsch endete an einem großen Haus, das aus Backsteinen errichtet war. Sie führten uns in einem Raum, wo wir uns auskleiden mussten. Jetzt waren wir froh, dass wir nur Männer waren und die Frauen mit den Schwachen und den Kindern im Wald hatten zurückbleiben müssen. Wir wurden nackt von einem Zimmer ins andere geschickt: Über dem ersten stand »Haarschneideraum«.

Sie schoren uns die Haare wie am Fließband ab, manchen blutete der Kopf, so rabiat gingen die Männer vor, die sie dazu befohlen hatten. Einen Raum weiter wurden wir auf einen Stuhl gesetzt, und ein Tätowierer schrieb uns eine Nummer auf den Arm. Auch das tat weh, aber ich sagte nichts. Über dem nächsten Raum stand »Brausen«, und wir wurden dort hineingestellt, abgebraust und dann zum Schluss mit einem stinkenden Mittel eingesprüht, das uns desinfizieren sollte. Die, die uns behandelten, waren auch Häftlinge, sie sprachen kaum miteinander. Sie waren die Arbeit offensichtlich gewohnt, jeder Handgriff saß und sie schoben uns hin und her, als ob wir Kisten wären. Aus den Brausen traten wir klatschnass heraus, Handtücher gab es nicht, zum Trocken scheuchten sie uns auf den Hof, wo wir in der Sonne Aufstellung genommen haben. Ernö stand neben mir, die Hand auf meiner Schulter. Wie immer spürte er, dass die Angst in mir hockte wie ein gefräßiger Riese, der schon längst begonnen hatte, mich und meine ganze Welt zu verschlingen.

Vor uns lagen viele Reihen von Baracken, zwischen denen Menschen in gestreiften Anzügen geschäftig hin und her eilten. Manche hatten Bündel oder Körbe an ihre beiden Arme gehängt, andere hatten Koffer auf Karren aufgestapelt, sogar Kinderwagen haben wir gesehen, die in eine der Baracken hineingeschoben wurden. Andor und sein Vater reckten ihre Köpfe so hoch wie möglich, um zwischen den Baracken hindurch zum Wäldchen schauen zu können, wo die Ihren hatten stehen bleiben müssen. Auch Ernö legte die Hand über seine Augen, damit ihn die Sonne nicht blendete und er einen Blick auf den Wald werfen konnte. Bis der Vater von Andor sagte: Ich kann sie nicht sehen, alles dort ist leer, nur die Bäume sind geblieben, sie müssen sie weggeführt haben. Und so standen wir in der Sonne, der Geruch, der über dem ganzen Ort lag, wurde immer intensiver, und mit den wechselnden Winden wurde schwarzer Rauch aus verschiedenen Richtungen zu uns herangetrieben. Ja, sie sind weg, sagte jetzt auch Andor, dessen Augen unablässig den Wald abgesucht hatten, und er wiederholte seinen Satz von vorhin: »Wir werden sie abends in unserem Quartier wiedersehen.« Das war der Moment, in dem die ersten beiden Reihen von uns in das Haus zurück befohlen wurden, um eingekleidet zu werden. Auch Andor und sein Vater mussten davon.

Wir waren noch zwei Reihen, die sie auf dem Hof hatten stehen lassen. Ernö und ich standen in der letzten Reihe ganz außen. Plötzlich war neben uns ein klappriger Alter, dessen Gesicht und Körper so blass und durchscheinend waren, dass wir ihn nicht einmal bemerkt hatten. Das Männchen drückte sich immer näher zu uns heran und winkte uns mit seinem gekrümmten Zeigefinger zu sich herab. Als Ernös und mein Kopf auf der Höhe seines Mundes waren, flüsterte er uns wie ein Verschwörer zu: »Sie verbrennen uns dort alle«, und zeigte auf die Gebäude, die vor dem Wäldchen standen. Ein Verrückter, dachte ich, ein Verrückter, warum sollten sie Menschen und vor allem Kinder verbrennen? Auch Ernö war empört und fragte ihn ganz impulsiv: Und warum lebst du? Und die Antwort des Männchens, der auch Ungarisch sprach, lautete so: Wenn Strolche einen Ameisenhaufen mit dem Knüppel zerstören – eine Ameise kommt immer davon. Und diese Ameise bin ich. Als Ernö und ich uns aufgerichtet hatten und uns ansahen, schlurfte er gerade um eine Ecke davon. Wir haben ihn nie mehr gesehen. An diesem ersten Abend, als Andor und sein Vater voller Sehnsucht darauf warteten, dass sich endlich die Tür der Baracke auftun und sie ihrer Familie ansichtig werden würden, da hat Ernö leise zu mir gesagt: Gabo, du weißt es doch auch: Der alte Mann hat es gesagt, und dann ist der Rauch gekommen.

Was bleibt zu sagen. Gerade war ich bei Katalin zum Essen eingeladen. Sie wohnt zwei Stockwerke über mir und ich habe ihr neulich ihren Vorratsschrank geöffnet, als sie den Schlüssel verlegt hatte. So vertreibt sich die Zeit, und der Schlosser hat zu tun. Nein, Ernö gibt es nicht mehr, ich bin ohne ihn zurückgekommen. Wir haben uns die ganze Zeit in den Lagern aneinander festgehalten. Er war mein Schutz, mein großer, starker Bruder, und ich war seine Klette. In Birkenau, in Falkenberg und dann in Ebensee. Ob wir Hoffnung hatten zum Ende hin? Ich weiß es nicht mehr. Die SS-Leute waren noch giftiger als sonst und toll vor Wut in diesen letzten Tagen. Drei Tage vor der Befreiung ist Ernö bei der Arbeit einem von ihnen vor die Füße gelaufen und der hat Ernös Spaten gegriffen und ihn damit totgeschlagen. Das war der 3. Mai 1945, und am 6. Mai waren die Amerikaner da. Ich darf darüber nicht nachdenken. Oft tickt es in mir wie in einem Uhrwerk »drei Tage, drei Tage, drei Tage«. Ich kann und ich will es nicht verstehen. Ich bin davongekommen. Es gibt ein Bild von uns, den Befreiten, das die Amerikaner am 7. Mai aufgenommen haben. Ich stehe dort vorne links, sie haben mir eine Decke um die Schultern gelegt. Ich habe keine Hose mehr an, und meine Beine sind dünn wie zwei Stöcke. Wenn ich mir das Bild anschaue, denke ich an Gyuri, den Schneider, der nicht wieder aufgetaucht ist. Ich habe ihn nie vergessen. Ich kann nicht an alle denken, dann würde ich gar nicht erst aufstehen. Meine Eltern und die anderen Geschwister sind auch in dem Wäldchen gewesen. Man hat sie nur wenige Tage nach uns dorthin geschleppt, wie ich später erfahren habe. Also denke ich an meine Familie und an Andor, an dessen Vater, an Andris, an Palika und Zsuzsa, seine Geschwister und an ihre Mutter natürlich. Und ich denke an den Rauch, der über allem hing und aus allen Richtungen auf uns einstürzte, und ich denke an den dürren Alten, die Ameise, die er war und zu der auch ich geworden bin. Eine Ameise kommt immer davon. Und, ja, ich denke an Imre mit seiner Peitsche. Wenn ich ihn jemals wiedersehen würde, ob in Békéscsaba oder hier, wo ich jetzt seit Langem lebe, ich würde ihn nicht sehen, nicht sehen wollen, weil ich immer noch nicht weiß, was ich tun würde mit ihm. Und davor habe ich Angst.

Das Gesicht eines Menschen

Sie wurden aus dem Block herausgeführt, draußen warteten schon die Lastwagen, die Motoren dröhnten, auch dieses Mal sollte es schnell gehen. Die Unseren aber gingen langsam. Sie und auch wir, die wir ihnen von den Fenstern des Blocks aus nachsahen, wussten, wohin die LKW sich in Bewegung setzen würden. Zwischen uns und ihnen flogen die Blicke hin und her, als sie die Treppe hinunterstiegen. Manche drehten sich um, hoben die Hand zu einer Geste, einem Winken, ein kleines Lächeln im Gesicht. In den Nächten zuvor, in denen wir kaum geschlafen hatten, war alles gesagt worden. Wir hatten Adressen ausgetauscht, uns Botschaften eingeprägt, die überbracht werden sollten, und einander zugehört, wie man auch ganz sicher das Haus der Eltern finden würde: Die Nummer 23, vergesst es nicht. Nein, keiner von uns würde jemals in seinem Leben den Platz der Ancien Comédie in Caen, die Nummer 23 in der Rue de Dantzig in Paris oder irgendeine andere Adresse vergessen, die wir in diesen Nächten gehört hatten. Merkt es euch, sie heißt Pauline, nicht Paulette, verwechselt es bloß nicht, hier ist der Zettel, versteckt ihn gut und wenn er verlorengeht, sagt ihr, dass ich sie liebe und dass ich bis zum Schluss an sie gedacht habe, und auch, dass ich nicht den Mut verloren habe, bis zum Ende nicht. Und dass wir uns hier geholfen haben, das sagt ihr auch, das wird sie beruhigen, sie ist sehr ängstlich, aber auch tapfer, sagt ihr, dass es mir leid tut, dass wir kein Leben mehr haben werden, sagt ihr alles: Es steht auch auf dem Zettel, aber wenn der Zettel verlorengeht … Keiner von uns wusste in diesen Nächten, wer am nächsten Tag auf den LKW würde steigen müssen oder am übernächsten Tag oder am

Tag darauf, aber wir hofften verzweifelt, dass einige von uns jenen Tag erreichten, an dem keine Lastwagen mehr draußen warten würden. Und die würden nach Caen pilgern und nach Paris und zu all den anderen Adressen dieser Nächte. Alle Nachrichten würden überbracht werden, auch die an Pauline. Daran hielten wir uns fest.

Es war der Oktober 1944, und wir wussten längst, dass die Russen sich näherten. Selbst wenn ich es nicht von Kurt und Franz, den Österreichern, gehört hätte, die zum Widerstand im Lager gehörten, hätte man es an den Gesichtern und der Wut der SS ablesen können. Mit ihrer Wut wuchs unsere Angst. Wir wussten, wozu sie fähig waren, und wir wussten, dass sie mit den Schwächsten von uns beginnen würden. Seit September folgte eine Selektion auf die andere. Sie ließen uns immer wieder in den Krankensälen antreten, jüdische Häftlinge und solche, die kaum noch laufen konnten, gingen als Erste. In diesen Wochen habe ich mich von Marius, Raymond und Albert verabschieden müssen. Alle waren so alt wie ich, wir waren zusammen in der Résistance gewesen. Die Deutschen hatten uns schon 1941 in Caen verhaftet und eingesperrt. Im Juli 1942, nach der Freilassung, als wir dachten, es wäre alles vorbei, wurden wir deportiert. Zur Abschreckung für die Anderen. Irgendwie hatte mein Vater erfahren, was sie mit uns vorhatten. Er stand mit seinem Fahrrad am Güterbahnhof, als sich der Zug in Bewegung setzte. Das war am 4. Mai 1942. Sie brachten uns erst nach Compiègne, und von dort ging es am 6. Juli weiter in Richtung Osten. Als wir am 8. Juli 1942 in Auschwitz ankamen, waren wir 1170 Mann. Ich weiß nicht, wie viele von uns überhaupt noch am Leben sind. Hier geht alles schnell. Ich war bei der Ankunft noch nicht einmal zwanzig Jahre alt.

Benjamin war älter als die meisten von uns. Er war klug, und er hätte mein Vater sein können. Zu meinem zweiundzwanzigsten Geburtstag am 17. September 1944 schenkte er mir ein Gedicht, das er auf Margarinepapier geschrieben hatte. Wie hatte er diese Delikatesse bloß ergattern können? Benjamin hatte damals meinen sehnsüchtigen Blick auf die Fettflecken gesehen und gesagt, du kannst es auch ablecken, dann sind es zwei Geschenke. Leider habe ich es verloren. Ich glaube mich zu erinnern, dass er über meine Jugend geschrieben hat und den Kampf um die Freiheit, so ungefähr. Benjamin war selber in der Résistance, und er wusste, wie viele junge Leute im Untergrund waren, ob in Paris oder auch, wie wir, in der Normandie. Manchmal setzte er sich auf meiner Pritsche neben mich und sprach mit mir. Zwar glaubte ich damals schon alles zu wissen, aber in Wirklichkeit wusste ich nichts. Benjamin sprach über den Widerstand, über Bücher, über Philosophie und Menschen, die er in Paris gekannt hatte. Manche der Namen kamen mir bekannt vor, sie waren in der Partei voller Hochachtung genannt worden. Dabei war Benjamin nicht eitel, er erzählte von diesen Begegnungen und Freundschaften, wie ich ihm von den Billardpartien mit meinen Freunden hätte erzählen können, von André, von Albert, von Jean und Raphael. Vor wenigen Tagen noch war Benjamin durch die Krankensäle gegangen, hatte mal hier angehalten, mal dort, er war überall gern gesehen und sprach Französisch ohne Akzent, obwohl er in Rumänien geboren war. Jetzt musste sich Benjamin immer öfter setzen, wenn er durch die Zimmer des Krankenblocks ging, eine Decke um die Schultern gelegt, weil er ständig fror. Seine Kräfte ließen mit jedem Tag nach. Es war ihm nicht recht, dass wir ihn darauf ansprachen oder versuchten, ihn zu schützen. In diesen Wochen, in denen eine Selektion die andere jagte, versuchten wir, die wir noch einigermaßen bei Kräften waren, die völlig Entkräfteten zu bewahren. Aber es waren zu viele, und die Lastwagen wurden immer voll. Zwei Mal ist es uns gelungen, Benjamin vor den Selektionen im Leichenkeller zu verstecken. Wir haben ihn fast mit Gewalt dort hinunterschleppen müssen. Wenn es vorbei war, haben wir ihn wieder nach oben geholt. Er war ganz still, als er an den leeren Matratzen vorbei zu seinem Bett gegangen ist. Am 2. Oktober hat er keinen Schutz mehr gewollt. Er war der Letzte, der im strömenden Regen die Treppe hinunterstieg, der Letzte von 700 Personen, die zu den Lastwagen geschoben wurden. Ich sehe ihn noch, wie er sich halb zu mir umdreht, diese kleine ironische Geste des Abschieds, zwei Finger der rechten Hand übereinander gekreuzt, als hielte er eine Zigarette, und dann drehte er sich weg und schlug mit beiden Händen den Kragen seiner Häftlingsjacke hoch, als würde es in Paris regnen und er würde aus seinem Haus auf die Straße treten, um ins Café und zu seinen Freunden zu spazieren, ein freier Mensch, den sie würden ermorden, aber nie zerstören können.

In den zurückliegenden Monaten war ich immer wieder im Krankenblock gelandet, seit dem Gefängnis in der Normandie waren meine Lungen geschädigt. Das Fieber kam und ging, teilweise so heftig, dass ich beim besten Willen nicht aufrecht stehen konnte und mich beim Blockältesten krankmelden musste. Dass alleine war schon gefährlich genug: Wer nicht arbeitete, hatte keinen Sinn in dieser Welt und keine Existenzberechtigung. Und der Krankenblock, in den man dann verfrachtet wurde, war nichts anderes als die Wartestube zum Tod. Medikamente oder eine helfende Behandlung gab es dort nicht, was es gab, waren Phenolspritzen ins Herz oder die Selektionen, die ich oben beschrieben habe. Die Grausamkeiten, die sich die SS-Ärzte ausdachten, nannten sie »medizinische Experimente«. Sie nutzten uns als Versuchskaninchen. Ihre Phantasie kannte keine Grenzen, an manchen Tagen schienen sie besoffen von Grausamkeit, an anderen Tagen standen sie nur düster in ihren Diensträumen und rauchten. Aber uns täuschten sie nie. Wir wussten, dass sie immer der Tod waren, auch wenn sie nur rauchten.

Ich verdanke meinem Vater viel. Mehr als ein Leben. Schon in der Résistance bei den Sabotageakten habe ich all die handwerklichen Kniffe, die er mir früh beigebracht hat, gut gebrauchen können. Kurz nach der Ankunft hier ließen sie uns in einer langen Reihe antreten. An jeden von uns wurde die Frage gerichtet: Was bist du von Beruf? Und weil mein Vater ein Elektrogeschäft hatte und er mir, wie gesagt, viele Dinge gezeigt hat, habe ich gesagt: Elektriker, ich bin Elektriker. Sie waren misstrauisch. Später haben sie uns sogar geprüft. Ich musste zwei Kabel miteinander verspleißen. Das ging gut, und so landete ich im Kommando der Elektriker. Sie brauchten viel Strom, und sie brauchten Elektriker, sogar der Stacheldrahtzaun war elektrisch geladen. Zudem entstanden auf dem Gelände überall neue Gebäude, in denen noch keine elektrischen Leitungen verlegt waren. Wir hatten zu tun, und wir kamen herum. So wie sie planten und sich aufführten, hatten sie vor, uns lange hier zu behalten.

Sie merken es: Ich bin ein alter Mann, und ich schreibe, als ginge ich über einen zugefrorenen See – sehr langsam, vorsichtig, tastend, mehr als fünf Jahrzehnte habe ich über all dies nicht gesprochen. Ich habe keinen Kontakt zu anderen

Überlebenden gehabt und auch keinen gesucht. Aus meinem Transport wird es kaum noch jemanden geben. Nicht einmal einhundert von uns sind damals zurückgekommen. Und ja, wir sind zu den Adressen gegangen, zu denen, die immer noch hofften, dass die Tür aufgehen und der Mensch im Zimmer stehen würde, den sie schmerzlich und mit allen Fasern ihres Herzens vermissten. Aber dann kamen nur wir. Sie brauchten kaum mehr als drei Sekunden, um aus unseren Blicken die Wahrheit herauszulesen. Die Schreie, das Weinen, die Verzweiflung. Mit jedem Besuch bin ich stummer geworden, auch weil ich meinte, im Rücken die vorwurfsvollen Blicke zu spüren: Warum bist du zurückgekommen? Auch den Gedenktagen habe ich mich entzogen. Ich eigne mich nicht zum Helden, weil ich kein Held war. So mutig und unserer Sache sicher, wie wir gemeinsam in der Résistance gekämpft haben, so jämmerlich will mir die Zeit im Lager vorkommen. Auch dort gab es Hierarchien, Unterschiede, Neid und Verrat. Viele beschreiben uns als die Helden, die Genossen, die Kameraden, die ewige Solidarität. Aber wie haben die meisten von uns die Häftlinge mit dem rosa Winkel verachtet und gedemütigt, wie oft haben wir unseren zotigen Dreck vor ihren Füßen ausgekippt? Wir haben manchmal Briefe an unsere Lieben schreiben dürfen, manchmal kamen Pakete von zu Hause. Die Juden unter uns durften keine Pakete bekommen, sie durften auch nicht schreiben. Auch wenn wir miteinander geteilt haben, die wirkliche Realität des Lagers wollte ich immer noch nicht sehen: Als ich Alfred, den Luxemburger, auf die Pakete angesprochen habe, weil ich ihm klarmachen wollte, wie ungerecht ich das fand, hat er mich nur angesehen und gesagt: Woher soll ich Pakete bekommen? Aus der Gaskammer? Und an wen aus meiner Familie soll ich schreiben? Sie waren alle mit mir im Waggon. Und ich habe gesehen, wie Schwache noch Schwächeren das Brot gestohlen haben, ich habe gesehen, wie in der Nacht der Eine seinem Bettnachbarn die Schuhe unter dem Kopf herausgezogen hat, weil er selbst keine hatte. Schuhe zu haben bedeutete, überleben zu können, und überleben wollten wir alle. Ja, ich weiß, wir waren nicht so, sie haben uns dazu gemacht, zu Menschen, die nach dem Leben und der Freiheit gierten und bereit waren, vieles zu tun und in Kauf zu nehmen für das, was man das Leben nennt. All das beschäftigt mich bis zum heutigen Tag. Immer öfter habe ich in den letzten Monaten Benjamin vor mir gesehen, der wieder neben mir auf der Pritsche sitzt und versucht, mir eine Botschaft zukommen zu lassen. Aber ich kann ihn nicht verstehen, er spricht zu leise. Doch vor zwei Wochen plötzlich hörte ich ihn laut und deutlich: Du sollst dich nicht quälen, sagte er, aber du musst sprechen. Und so habe ich mich dazu durchgerungen, die drei, vier Dinge aufzuschreiben, an die nur noch ich mich erinnere, weil die anderen alle tot sind.

Als ich im Frühjahr 1943 im Kommando der Elektriker war, wurden wir zur Arbeit nach Birkenau geführt. Ich war lange nicht in diesem Lager gewesen, das so viel größer war als Auschwitz. Es waren mittlerweile viele neue Baracken entstanden. Natürlich haben wir uns bemüht, auf den Wegen durch das Lager so viel mit den Augen aufzunehmen wie möglich, aber wir sahen sofort, dass der Zustand der Menschen erbärmlich war. Sie ließen uns alle verhungern. Auch wir, die wir arbeiteten, hungerten immer. Und wir haben oft miteinander gerätselt: Wie lange werden wir leben und arbeiten können mit dem bisschen Essen, das sie uns zuteilen. Kaum jemand von uns hat diesen Gedanken jemals zu Ende denken wollen, dass sie uns mit der Arbeit genauso ermordeten wie mit einer Kugel oder einem Knüppel. Wenn wir nicht mehr konnten und keine Angst der Welt uns auf die Beine brachte, weil sie unter uns wegknickten, dann schickten sie uns in die Gaskammern, von denen wir längst wussten. An diesem Tag gingen wir an den Häftlingsbaracken entlang auf das Gebäude der ersten Gaskammer und des ersten Krematoriums zu, das sie vor wenigen Wochen in Birkenau geöffnet hatten. Die Botschaft hatte sich schnell im Lager verbreitet. Mit beiden Händen schleppten wir die Taschen mit dem Werkzeug, und über unsere Schultern hatte der Kapo im Magazin eine schwere Kabelrolle gehängt, die uns erbärmlich niederdrückte. Aber beim Anblick des Gebäudes, das vor uns lag, kamen mir die Kabelrollen wie Rettungsringe vor. An diesem Tag führten sie uns mit unseren Utensilien zu einem großen Rohbau, etwa zweihundert Meter von der Gaskammer entfernt. In einem nackten Kellerraum verlegten wir Lichtleitungen. Keiner von uns sprach bei der Arbeit, obwohl sich die Wachen von uns entfernt hatten und draußen rauchten. Wir ahnten, wozu auch dieser Raum und dieses Gebäude bald dienen würde, und wir hofften, dass wir ihn nie wieder würden betreten müssen.

Auch das muss im Jahr 1943 gewesen sein: Ich war noch immer im Kommando der Elektriker, und wir wurden erneut nach Birkenau geführt. Diesmal waren wir nur mit unseren Werkzeugtaschen beladen. Zwei von uns trugen eine lange Leiter, es hieß, eine der Stromleitungen zu einer Küchenbaracke sei defekt und müsse repariert werden. In diesen Tagen wurde das Lager von Ratten geradezu überfallen, was den Lagerkommandanten veranlasst haben musste, aus Deutschland einen Experten zur Rattenbekämpfung herbeizuzitieren. Wir hatten gehört, wie unsere Bewacher darüber sprachen, dass der Rattenjäger in diesen Tagen in Auschwitz eintreffen sollte, denn die Ratten seien weiter auf dem Vormarsch: Jetzt belagerten sie nicht nur die Häftlingsbaracken, mittlerweile rückten sie auch der SS auf die Pelle und hätten den Weg in die Keller der Kantine gefunden. Wir vermuteten, dass es ihnen wesentlich besser gefiel, die Vorräte der SS anzunagen, als sich in den Blocks und Baracken mit den stinkenden, abgemagerten und verdreckten Gestalten zu beschäftigen, die wir mittlerweile geworden waren. An diesem Morgen beim Appell war der Kommandant höchstpersönlich erschienen und hatte eine Bekanntmachung zur sofortigen Rattenbekämpfung verlesen. Überall war Gift ausgelegt worden, und man belehrte uns darüber, dass es gefährlich und strengstens verboten sei, sich den Müllhaufen zu nähern und Speisereste von den Abfällen und den Kartoffelschalen zu entnehmen. Die Deutschen erwiesen sich wirklich als ordentliche Mörder: Während sie nur wenige hundert Meter entfernt das Menschengift lagerten, mit dem sie uns alle umbringen würden, standen sie mit durchgedrücktem Rücken vor uns und warnten uns vor dem Rattengift, das sie ausgelegt hatten. Gift für die Ratten und Gift für die Untermenschen. Denn Menschen waren wir nur in unseren Augen, in ihren Augen waren die meisten von uns Untermenschen, die Spezies, die sie im Dschungel ihres Rassenwahns und ihres Hochmuts entdeckt hatten. Für uns hatten sie die Lager gebaut, für diese Spezies waren die Büchsen mit dem Gift bestimmt und ohne mit der Wimper zu zucken sahen sie zu, wie die kleinen und großen Untermenschen als Menschen verkleidet an ihnen vorbei zu den Gaskammern zogen, wo die Büchsen, die für sie bestellt worden waren, endlich geöffnet werden konnten.

An jedem Tag brachten die Züge neuen Nachschub, Menschen, die gleich nach der Ankunft einmal durch das Lager hindurchgeführt wurden und dann wie die anderen vor ihnen am Ende der Welt im Keller des Gebäudes verschwanden, das später als Gaskammer und Krematorium Nummer II unter uns bekannt war. An diesem Tag, über den ich schreibe, war uns dieser Name noch nicht geläufig, aber dass die Menschen im Keller verschwanden, das haben wir gesehen und gewusst, was es bedeutete. Wir hatten mehr Angst vor ihnen als vor dem Rattengift, das sie wahrscheinlich sehr viel breiter in ihrer Welt ausgelegt hatten als in der unseren, und so hofften wir auch heute inbrünstig, dass es einigen von uns tagsüber gelingen würde, heimlich die Müllhaufen zu erreichen und uns abends im Block mit Kartoffelschalen oder anderen Köstlichkeiten zu versorgen.

Wir gingen zwischen der ersten Reihe der Häftlingsbaracken und dem Stacheldrahtzaun entlang und waren noch etwa fünfzig Meter von der Küchenbaracke entfernt, als wir sahen, wie eine Gruppe von Menschen aus dem Eingang der nahen Kommandantur heraustrat und sich in unsere Richtung bewegte. Erst als wir uns einander näherten, bemerkten wir, dass zwischen den Uniformierten auch ein Zivilist ging, der eine Aktentasche unter dem Arm trug. Unsere Bewacher befahlen uns, stehenzubleiben und zur Seite zu treten, zwischen uns ragte die Leiter auf wie ein Ausrufezeichen. Jetzt sahen wir auch den Zivilisten genauer: Ein mittelgroßer dicklicher Mann, er trug einen dunkelgrünen Hut, braune Hosen und ein hellbraunes Jackett, und man merkte ihm an, dass ihn die gesamte Situation, die Größe des Geländes und die Geschäftigkeit um ihn herum verwirrten. Wir hielten die Augen gesenkt wie befohlen, aber ich konnte dennoch sehen, wie sich das Mienenspiel dieses Menschen veränderte je näher er uns mit seiner Begleitung kam. Er fixierte unsere Gruppe, verlangsamte seinen Schritt und musterte uns von Kopf bis Fuß, und man sah in seinem Gesicht, wie Abscheu und Widerwille in ihm immer stärker wurden. Wir hörten, wie er einen der Uniformierten fragte: Was sind das für Leute? Und wir hörten auch die Antwort, die ihm gegeben wurde: Verbrecher, Asoziale, Bolschewiken, Juden, vielleicht auch alles zusammen. Und der Uniformierte lachte, als hätte er einen Scherz gemacht, aber der Zivilist zog die Luft ein vor Ekel und sagte: Nein, das ist ja, das ist ja unglaublich, diese verwilderten Halbmenschen, nein, das ist ja ... Wie viele haben sie davon hier? Und wieder antwortete derselbe Uniformierte: Genug, die ganzen Baracken sind voll mit ihnen. Wir haben sogar zu viele, und, stellen Sie sich vor, es kommen immer Neue dazu. Erneut begann er zu lachen und zeigte mit dem Finger in unsere Richtung: Wenn sie mit den Ratten fertig sind, können sie ja mit dieser Bande weitermachen. Und die anderen stimmten in das Gelächter ein. Nur der Zivilist schüttelte den Kopf und sagte im Weitergehen: Nein, so was, dass es das gibt, das mag man sich ja gar nicht vorstellen, und jetzt schüttelte sich sein ganzer Körper, als wolle er den Dreck, den er in uns gesehen hatte, aus sich herausschütteln. Ich habe diese Begegnung nie vergessen, bis zum heutigen Tag sehe ich vor mir das verzerrte Gesicht unter dem grünen Hut und den dicklichen Körper, der mit seiner Aktentasche aus der Welt gekommen war, aus der man uns herausgerissen hatte. Ich stelle mir bis heute vor, dass ich losstürze und diesen Rohling an der Gurgel packe, dass ich ihn zum Stacheldraht schleife und ihn hineinstoße, während ich sage: Ich habe früher auch ein Jackett gehabt.

Heute erschrecke ich mich manchmal vor mir selber: Dieser Hass, der mich nicht nur in dieser Situation gepackt hatte. In den Jahren nach dem Krieg und meiner Rückkehr nach Frankreich habe ich mir oft vorgestellt, nach Deutschland zu fahren und diesen Menschen zu suchen, der sicherlich längst wieder auf die Füße gefallen und wahrscheinlich noch unförmiger geworden war. Aber ich würde nie nach Deutschland reisen, sollte das Fett ihn erdrücken, denn dass dieser Mensch sich mit einem schlechten Gewissen plagte, dass er uns manchmal nachts an seinem Bett stehen sah und sich schämte – nein, das glaubte ich nicht und würde es nie glauben. Jahrzehnte später erzählte ich Kazimir, einem Polen, der auch Auschwitz überlebt hatte, bei einer Begegnung in Paris von dieser Erinnerung, von dem grünen Hut und dem Gesicht darunter. Und Kazimir, der lange Jahre in der Gedenkstätte in Auschwitz gearbeitet hatte, sagte: Er hat für die SS einen Bericht geschrieben, der Rattenjäger, eine Art Gutachten, ich habe es einmal in der Hand gehabt, aber ich weiß nur noch, dass er aus Starnberg nach Auschwitz gereist war. Wo ist Starnberg?, fragte ich zurück. In Bayern, an einem See, München ist nicht weit entfernt. Doch auch jetzt war ich mir sicher, dass ich nie dorthin fahren würde, ich würde keinen Menschen suchen, der nie ein Mensch gewesen war.

Merkwürdigerweise war mir nach dieser Begegnung mit Kazimir auf eine unerklärliche Weise deutlich geworden, wohin ich fahren wollte, fahren musste. Ein Satz war plötzlich in mein Bewusstsein gefallen, ein Satz, den Benjamin in Auschwitz zu mir gesagt hatte: In meiner Geburtsstadt gibt es ein Hotel, das Gustave Eiffel gebaut hat. Dieses Hotel war Benjamins erste Verbindung nach

Frankreich, nach Paris gewesen. Und ich wusste, dass ich dieses Hotel sehen, dass ich in ihm übernachten wollte, als würde ich Benjamin zu Hause besuchen. In einem Buch über Gustave Eiffel und seine Bauwerke habe ich die Adresse von Benjamin und mein Ziel gefunden: die Stadt Iași im Osten Rumäniens. Was soll ich sagen. Ich fand einen Flug, der mich via Berlin nach Iași brachte. Die zwei Stunden meines Zwischenaufenthaltes in Berlin habe ich auf einer Bank am Flughafen gesessen und mir vorgestellt, ich säße nicht in Berlin und die Stimmen, die ich hörte, wären keine deutschen Stimmen. Ein lächerlicher alter Mann, der nicht vergessen kann und der sich trotzdem freut, dass sein Enkel in der Schule Deutsch gelernt hat. Vom Flughafen in Iași bis zum Hotel habe ich mir ein Taxi genommen. Ich bin mit meinem kleinen Koffer eine ganze Weile vor dem Hotel stehen geblieben und habe gedacht: Das, Benjamin, hast du auch gesehen. Ich habe lange gebraucht, um zu dir zu kommen und mich für das Gedicht auf dem Margarinepapier zu bedanken. Es tut mir heute noch leid, dass ich das Papier verloren habe. Ich weiß, du bist mir nicht böse, du warst der freundlichste Mensch, den ich kannte, der menschlichste Mensch. Sie haben euch auch hier gejagt, wusstest du das? Vielleicht war es gut, dass du nach Paris gegangen bist, zu uns, in die Résistance. In der Rue Rollin, wo du gewohnt hast, haben sie ein Schild aus Marmor mit deinem Namen angebracht. Und auf dem Marmor steht auch ein Gedicht von dir. Ich habe die Worte abgeschrieben, nicht auf Margarinepapier, aber auf einem Zettel, den ich immer in meiner Brieftasche bei mir trage. Und jetzt, Benjamin, bin ich bei dir und lese dir vor, was du geschrieben hast und was dort geschrieben steht:

»souvenez-vous seulement que j‘ étais innocent
et que, tout comme vous, mortels de ce jour-là,
j‘ avais eu, moi aussi, un visage marqué
par la colère, par la pitié et la joie,
un visage d`homme tout simplement!«

»erinnert Euch daran, dass ich unschuldig war
und, wie ihr alle, wie alle Sterblichen
hatte ich, hatte auch ich ein Gesicht, gezeichnet
von Wut, von Mitleid und Freude,
ganz einfach: Das Gesicht eines Menschen!«

(P. S.: Bis 1985 habe ich gewartet, aber dann habe ich mich doch überwunden und briefliche Erkundigungen eingezogen, ob der Rattenjäger, den ich in Auschwitz gesehen habe, noch auffindbar ist, und nach drei Monaten die folgende Antwort mitsamt den beiliegenden Papieren erhalten.)

Sehr geehrter Herr ....,

bitte entschuldigen Sie, dass ich mich direkt an Sie wende. Ich bin die Tochter des Herrn, den Sie hier in Starnberg auffinden wollen. Muss Ihnen mitteilen, dass mein Vater bereits vor sechs Jahren verstorben ist. Auch das Geschäft besteht nicht mehr. Es hat am Schluss »Clean und Sicher« geheißen, aber wir sind bis heute hier als die Kammerjägers bekannt. Da mein Vater im Familienkreis keinen Nachfolger gefunden hat, hat er es mit schwerem Herzen langsam auslaufen lassen. Auch meine Tochter hat den Betrieb nicht haben wollen, was meinen Vater sehr beleidigt hat. Aber da war nichts zu machen. Mein Vater hat zu uns Kindern nie über diese Jahre, die Sie meinen, gesprochen. Meine Tochter studiert Geschichte und ist sehr an Sachen wie diesen interessiert. Sie hat mit mir nach der Anfrage vom Stadtarchiv und vom Einwohnermeldeamt zwei Koffer durchsucht, die von meinem Vater noch auf dem Speicher stehen. In einem Umschlag haben wir die beigelegten Blätter gefunden, die ich Ihnen hiermit übereigne. Weiß ansonsten nur noch zu berichten, dass mein Vater sein Leben lang dem Amerikaner gram war, dass der ihn damals so verfolgt und schlechtgemacht haben. Er hat immer gesagt, bei meinem Beruf kann ich nicht sagen, dass ich keiner Fliege etwas zuleide getan habe, aber so ist es gewesen. Ich weiß nicht genau, worum es geht, will auch, dass ein Strich unter die Sache kommt, aber wenn Sie antworten, würde meine Tochter sich freuen. Es ist ja alles so lange her, dass ich mich wundere, dass da noch jemand lebt und Nachfragen hat. Nichts für ungut und Grüße aus dem schönen Bayernland.

Starnberg, den 25.6.1964
Vorgeladen erscheint in der Polizeistation Starnberg der

Rentner
A. R.
geb. am .... in,
wohnhaft Starnberg,
XY Straße 21

und erklärt folgendes:

Der Gedenkstand meiner Vernehmung ist mir bekanntgegeben worden. Weiterhin bin ich über mein Auskunftsverweigerungsrecht gemäß § 50 StPO belehrt worden.
Ich bin bereit auszusagen.

PROTOKOLL

Am Donnerstag, 25. Juni 1964, vorgeladen zur polizeilichen Anhörung in Sachen Auschwitz/dienstliche Obliegenheiten des Herrn A. R. als Schädlingsbekämpfer vor Ort in Auschwitz nach Anforderung der SS im Jahre 1943, Anhörung durch Hauptwachtmeister H. K.

Als Vorbemerkung des A. R. wird von der Stenographin wie folgt protokolliert:

»Also, dass Sie mich jetzt noch einmal einvernehmen dazu, es muss doch endlich einmal ein Schluss sein damit. Zumal der Amerikaner mich ja gleich nach dem Krieg in die Verhöre gezerrt hat. Viermal bin ich dort hinzitiert worden. Die Nachbarn haben gezischt, ich müsste ja ziemlich viel Dreck am Stecken haben. Da wurde hinter mir her getuschelt, das war ja ein Spießrutenlaufen. Eine Menschenjagd, das war es, was der Amerikaner da mit mir getrieben hat. Und es war ja nicht der Amerikaner allein, es waren ja der Amerikaner und der Jude in einem, die den Krieg gewonnen haben. Der Offizier, der mich verhört hat, hat Weizenbaum geheißen. Als ich das Namensschild gesehn hab und sein Gesicht, da war mir schon klar, dass ich hier auf Gerechtigkeit oder ein Einsehen nicht hoffen darf. Und auch, Herr Kommissar, wenn da nichts direkt ausgekommen ist an Folgen, das hat ja über einem gehangen wie ein Felsblock. Das war es ja, was der Sieger gewollt hat, dass wir uns ducken unter ihm, und ich hab mich ganz klein gemacht, Jahre lang. Aber jetzt muss doch endlich einmal Schluss sein damit, und ich möchte mir ausbitten, dass ich jetzt noch einmal Auskunft gebe zu der ganzen Sache und danach die Akte geschlossen wird. Das Ganze ist ja nur noch am Kochen, weil der elendige Kerl von der SS, der damals dorten so freundlich getan hat, mich jetzt in Frankfurt hat reinreißen müssen bei diesem Prozess. Und ich möchte vorab auch noch einmal sagen, dass wir ja nichts haben machen können damals, wir wären ja selber dorthin gekommen oder an die Wand gestellt worden. Ratzfatz: Das war doch jedem klar, dass sie kurzen Prozess machen, wenn man den Befehl verweigert. Und das protokollieren sie jetzt gefälligst mit, Herr Kommissar, bevor wir bitte anfangen. Weil es die reine Wahrheit ist und bleibt.«

Auf Befragen zur Vorgeschichte der Dienstreise nach A. führt der Vorgeladene im Folgenden aus:

»Wir sind damals in der dritten Generation der Familie in der Schädlingsbekämpfung gewesen. Kammerjäger hat man das früher geheißen, und Sie können sich vorstellen, dass da über die Jahre Erfahrung und Wissen zusammengekommen sind, wie man dem Übel zu Leibe rückt. Natürlich ist immer Neues dazugekommen, die Chemie hat ja auch keine Pause gemacht. Wir haben halt Altes mit Neuem verbunden und waren so immer die Vordersten an der Front, weil der Schädling ja nie aufgibt: Er geht ja einfach nicht weg, aber wir waren ihm immer auf der Spur und haben die meisten unserer Aufträge zur Zufriedenheit der Kunden erledigen können. Von Starnberg bis nach München hinein haben wir gearbeitet und so sind wir bekannter und bekannter geworden. Empfohlen haben uns die Leute, so dass wir uns nicht haben retten können vor Anfragen. Über allem steht natürlich die Diskretion. Absolut! Das soll ja keiner nicht wissen, was man an Gästen und Viecherln im Keller oder in den Stuben hat. Der Buchner und der Reinhardt, die haben mich in die ganze Sache überhaupt hineingeritten. Das war ja ein eiserner Grundsatz bei uns in der Familie, dass man als Gewerbetreibender sich nicht aus dem Fenster lehnt und die Goschen hält politisch. Das Ungeziefer kennt auch keine Politik und kommt durch jede Tür. Aber der Buchner und der Reinhardt, die haben nicht lockergelassen. Dass man der Bewegung nicht abseits bleiben darf, wenn man nicht von der Zeit überrollt werden will. Und die waren ja große Herren, die beiden, nicht nur in Starnberg, sondern in der ganzen Gegend. Die haben uns alle braun gemacht. Sicher, ich hatte auch eine Reputation, aber der Buchner war schon vorher eine große Nummer in der Partei, der ungekrönte König von Starnberg. Und der Reinhardt war der Herr Direktor von der Handelsschule. Der hat in Herrsching die Leute alle auf seiner Seite gehabt. In Herrsching haben sie als erste das Schild aufgehängt: Juden hier unerwünscht. Ja, wer war ich denn, dass ich diesen hohen Herren widerspreche? Der Kammerjäger, über den sie ihre Späße gerissen haben. Der war ich. Und so bin ich nach der Reichstagswahl im März 1933 in die Partei eingetreten. Na, das hast du ja gerade noch rechtzeitig geschafft, hat der Buchner ganz verkniffen gesagt. Ansonsten haben sie gelacht über mich, so sah die Geschichte aus. Am Stammtisch hat der Reinhardt mir seine Hand auf die Schulter geknallt: So einen wie dich bräuchten wir jetzt für die Juden, Herr Kammerjäger. Da war ein Gejohle im ganzen Wirtshaus, das hat man bis auf die Straße hören müssen. Da hat man natürlich mitgemacht. Das wäre ja verdächtig gewesen. Ich möchte noch anmerken und bitten, dass das jetzt vollständig protokolliert wird, dass ich nichts, aber auch gar nichts gegen die Juden gehabt habe. Schon von je her nicht, man hat ja Geschäftsbeziehungen gehabt, wenn die ihre Sommerhäuser an Seen bezogen haben, dass der Keller in Ordnung gebracht wird oder die haben einen wegen einem Wespennest im Garten gerufen. Alles Routine, alles keine großen Sachen. Und mit dem Rechtsanwalt in Starnberg, der ein Jude gewesen ist, was jeder gewusst hat, habe ich ebenfalls gut kontaktiert. Der hat für mich zweimal Zahlgeschichten eingetrieben, als der Kunde partout nicht hat bezahlen wollen. Mir hat der Jude nichts getan. Und ich ihm auch nicht. Leben und leben lassen, das war meine Maxime und das ist sie heute noch.«

Zur Reise nach Auschwitz/Oberschlesien, Regierungsbezirk Kattowitz lässt sich der A.R. ein:

»Und jetzt will ich auf ihre Frage zu besagter Reise sagen, dass wir hier auch mal zum Ende kommen. Ich habe heute noch vier Hausbesuche zu erledigen und eine Unzuverlässigkeit kann man sich nicht nachsagen lassen in unserer Branche. Das kann ja der Anfang vom Ende sein. Und eben meine Zuverlässigkeit und mein Pflichtgefühl, die haben mich auch in diese Reise hineingeritten damals. Also 1943 habe ich schon einen bedeutenden Leumund gehabt als Fachmann, das ist weit bekannt gewesen, von hier bis München. Und so habe ich mich sogar geehrt gefühlt, als irgendein Kerl von der Gauleitung mich an die SS empfohlen haben muss, so denke ich mir das. Denn Mitte 1943 habe ich ein Schreiben erhalten, mit einem Reisebefehl und allen nötigen Unterlagen, was man da gebraucht hat, Stempel, Unterschrift, Reichsadler. Man hat ja schon strammgestanden, wenn man damals so ein Kuvert gesehen hat. Und so ein Befehl war ja eine mächtige Sache, ein Befehl eben, das muss hier einmal deutlich gesagt werden. Natürlich habe ich das im Wirtshaus erzählt und die Leute haben mich beglückwünscht und mir auf die Schulter geklopft. Das Ziel ist mir nicht im Geringsten bekannt gewesen, ich meine, man hat ja kaum gewusst, wo Oberschlesien liegt, geschweige denn den Namen dieser Ortschaft gehört, das war ja allgemein nicht bekannt, damals. Uns hat doch der Nazi im Dunkel gelassen, völlig im Dunkel. Wir haben ja nicht einmal das von Dachau gewusst, was ja praktisch vor der Haustür gewesen ist, auch das hat uns ja der Amerikaner erst nach dem Krieg eröffnet, dieses Geheimnis. Und so bin ich halt auf die Reise gegangen, ein Marschbefehl, da hat man ja gar nicht sich weigern können, das wäre ja Selbstmord gewesen. Das wissen Sie doch selber, Herr Kommissar. Sie sind doch in meinem Alter. Ich muss Ihnen doch nichts erzählen. Die Reise ist ja auch eine Strapaze gewesen in den Zügen, man hat ja gesessen wie eine Ölsardine, und umgestiegen musste auch werden, ich weiß heute nicht einmal anzugeben, wie oft ich da rein und rausklettern musste. Man ist ja schon dorten angekommen wie durch die Mangel gedreht und hat ja noch kaum gewusst, ob man Männlein oder Weiblein ist. Und obwohl ich damals schon abgemagert gewesen bin wegen des Krieges, habe ich ja damals doch noch ein Gewicht mit mir getragen und geschwitzt wie eine Sau bei der kleinsten Gelegenheit. Und auf der Fahrkarte haben Namen gestanden, die hat ja unsereiner nicht gehört vorher. Also soweit ich mich erinnere, bin ich von hier nach München, dann nach Wien, natürlich wieder raus und wieder rein, von dorten bis Lundenburg, nochmal dasselbe, dann Kattowitz und schließlich der letzte Umstieg bis dahin, wo ich erwartet wurde. Und ich muss sagen, dass das damals schon ein Erstaunen und eine Ehrfurcht gewesen ist, dass man im Waggon sitzt und das Reich so groß ist, wie lange man unterwegs war: Überall war Deutschland. Das hat mich schon gepackt.«

Zum Aufenthalt in den Dienststellen der SS in A. und zu seiner Tätigkeit als Gutachter/Rattenplage trägt der besagte A. R. vor:

»Ja, bei der Ankunft, das ging zack, zack. Eigentlich ist es die ganze Zeit, wo ich meiner Aufgabe nachgekommen bin, weiter so gegangen: Laufschritt, zack da und zack dort. Das heißt ja auch, dass ich kaum etwas gesehen habe in den praktisch fast nicht mehr als 24 Stunden, die ich dort vor Ort habe verbringen müssen. Also nach dem Frühstück hat mich die SS im Quartier abgeholt, und dann sind wir mit einem PKW die Scheunen und Speicher abgefahren, wo die eigenen Vorräte an Lebensmitteln, Kartoffeln und Gemüse gelagert waren. Das war alles in der Ortschaft, es ist rauf und runter gegangen, rein und raus, also eine Ortsansicht in dem Sinne hat sich nicht entwickeln können bei mir, nur dass der Eindruck verheerend war. Es ist eine ganz und gar unsachgemäße Lagerung gewesen, keine Holzkisten, kein Abstand der Sorten voneinander, wie ein Fraß auf den Boden gekippt, da hätten sie den Ratten sozusagen gleich eine Einladung schicken können. Ich habe mir Notizen gefertigt, in jedem Raum, in den sie mich geschleppt haben. Was schreiben Sie denn da?, hat mich der eine von meinen Begleitern ganz misstrauisch gefragt, aber ich habe darauf bestanden, dass ich ja einen Bericht zu schreiben habe, da stehe ich ja gerade für den Bericht. Dann hat mich der Bursche in Ruhe gelassen, aber wie der mich immer wieder gemustert hat, wie einen Verdächtigen, das ist mir kalt den Rücken hinuntergelaufen, das können Sie mir glauben. Ich meine, wir haben doch alle gewusst, was da für welche sind bei der SS, Herr Kommissar. Mittagessen hat es keins gegeben, das war ja klar, bei dem Gehetze, dass sie mich unter Strom gehalten haben den ganzen Tag. Und zum Schluss ist es ein paar Kilometer über Land gegangen, da sind Fabriken gewesen links und rechts, alles normal, hoch auf eine Brücke, darunter hat man Schienen gesehen und dann runter in die Ebene zu einem großen Bereich hin, wo wir vor der Kommandantur gehalten haben. Da muss ein ganz Hoher gesessen haben, denn meine beiden Wächter waren schon aufgeregt, als sie uns da zur Ankunft gemeldet haben. Von wegen einer Pause oder einer Tasse Kaffee, gleich sind drei weitere Herren in Uniform herangeschritten, haben gegrüßt und ab ging die Post: Dann zeigen wir unserem Gast mal die Sauerei, hat der gesagt, der wohl der Höchste war. Und schon sind wir durch einen Zugang zwischen einem Drahtzaun in den Bereich hineingegangen. Und man hat schon an den Zeichen gesehen, dass der Zaun elektrisch geladen war, das war also klar, dass da niemand hinauskommen sollte. Innendrin selbst das war eigentlich recht normal. Es hat dürre Menschen gegeben, die man erblickt hat in blauweiß gestreiften Anzügen und Holzschuhen, die ihrer Arbeit nachgegangen sind, also es war geschäftig, Bewegung, es hat gesurrt wie in einer Fabrik. Auf unserem Weg zu einer Küche und einem Küchenlager sind uns sogar fünf der Gestreiften ganz nah über den Weg gelaufen mit einer Leiter und Werkzeugtaschen, die waren an der Seite gestanden, so in einer Art Habachtstellung, die sahen nicht so aus, wie man das heute weiß, beileibe nicht, also keine Skelette, muss ich dazu sagen, ein Arbeitstrupp. Nur dass sie einem nicht in die Augen sehen konnten, das hat schon verschlagen gewirkt, tückisch, und einen Gestank haben sie ausgeströmt, dass man sich hat die Nase zuhalten wollen, so eine Pest, dass man sich heute noch schütteln möchte davon. Denen hätten auch Sie nicht wollen im Dunkeln begegnen, Herr Kommissar. Ich war froh, als sie hinter uns geblieben sind, das muss ich schon sagen. Der Zustand der Lagerung, den ich nun dort begutachtet habe, war ja noch katastrophaler als an den anderen Orten: Der Befall war überall, Kot, Dreck und die Ratten sind in die Ecken gespritzt, als sie die Tore aufgemacht haben. Eine einzige große Sauerei. Ich habe das damals natürlich nicht gesagt, weil ich den Blick immer im Rücken gespürt habe, aber was Wahrheit ist, muss Wahrheit bleiben, Herr Kommissar. Das ist ja auch meine Ehre von Berufs wegen gewesen. Es war schon ein gewaltiges Gelände, das muss ich schon zugeben, so dass ich nicht habe bemerken können, wo da die Grenze gewesen ist. Es war Stacheldraht um Stacheldraht, aber keine Unordnung, wenn Sie verstehen, was ich meine, kein Durcheinander. Alles lief wie geschmiert, deutsche Ordnung halt, das muss man schon sagen. Das einzig wirklich auffällige, und das will ich hier nicht verschweigen, Herr Kommissar, war der Geruch. Der hing überall, eine schwere Sache, die man nicht gekannt hat: So ein Geruch war mir noch nicht untergekommen. Schon dieser halben war ich heilfroh, als sie mich zurück zum Wagen eskortiert haben und dann gings ins Quartier zurück. Das ist quasi alles gewesen, den Bericht habe ich zu Hause niedergelegt, nachdem ich wieder gesund war. Denn ich bin mit einem furchtbaren Magenkatarrh nach Hause gekommen und habe vier Tage einen ordentlichen Verlust gehabt, dadurch, dass ich nicht habe arbeiten können. Also gesund, Bericht geschrieben, Briefmarke drauf und ab in den Kasten. Ich weiß nicht einmal mehr die Adresse, wo das hingegangen ist damals. Und das ist es auch schon gewesen. Und von dieser Sache ist nun einmal nichts herzumachen, ich bin ja, wie wir alle, Herr Kommissar, wie in einer Zwangsjacke gewesen, damals. Und, nein, den Durchschlag von dem Bericht, den ich da durchgepaust hatte, den habe ich nicht mehr. Bevor der Amerikaner gekommen ist, habe ich den ganzen Kram im Garten verbrannt. Das war ja eine Befreiung, und ich war froh, als das Zeug in der Asche verschwunden war. Wenn man damals gewusst hätte, was man heute weiß, aber natürlich wird da ja viel herumgedeutet und hochgeblasen, als ob nun der Deutsche es ganz allein, es weiß ja ein jeder, dass auch andere Dreck am Stecken haben, aber von denen wird nun einmal nicht gesprochen, nur wir sollen in alle Ewigkeit diese Sachen herumtragen. Ich kann das jedenfalls nicht bestätigen. Und damit möchte ich auch zu einem Ende kommen. Ich bin ein anständiger Mensch und das will ich auch bleiben, mit Verlaub, Herr Kommissar. Ich bin der Obrigkeit niemals etwas nicht schuldig geblieben und jetzt bitte ich, dass Sie die Sache schließen, ein für alle Mal.«

Auf die Frage, ob er noch eine besondere Bemerkung beifügen möchte, oder ob ihm bei der ganzen Sache etwas Außergewöhnliches untergekommen ist, erklärt der Vorgeladene:

»Wenn Sie mich fragen, Herr Kommissar, was mich am meisten auf dieser Reise verwundert hat: Dass es in der Offizierskantine Rindfleischbrühe gegeben hat. Das hat mich schon sehr verwundert. Also, dass sie dorten noch so gut in der Verpflegung standen, wo uns doch daheim schon der Magen geknurrt hat und wir uns längst mit Lebensmittelmarken haben einrichten müssen. Es ist ja für unsereinen immer schwerer geworden, je länger der Krieg gedauert hat. Und hernach wurde Schweinsbraten mit Blaukraut und reichlich Soße gereicht, wie es sich für Deutschland gehört. Das war ein gutes Essen. Zwei von der SS hatten mich am Abend in die Kantine geführt. Das war auch in einem Lager, aber einem anderen. Sie nannten es »Stammlager«. Die Kantine war voll besetzt. Und reichlich Bier und Schnaps ist geflossen. Alle haben gut zugeschlagen. Ein Glas auf das andere haben die Ordonanzen gebracht. Da war nichts zu bemängeln für mich: Eine gute Kameradschaft eben. Die beiden waren im SS Kommando für die Schädlingsbekämpfung. Kollegen sozusagen, aber unsern Standard, naja, der wurde dort natürlich nicht erreicht. Deswegen hatten sie mich ja schließlich auch gerufen.«

Geschlossen
H.K.
Hauptwachmeister

selbst gelesen und genehmigt
A.R.

Unter ihnen leben

Schluss: Jetzt werden meine Hände eingesperrt. Ich darf mir nicht mehr ins Gesicht fassen. Das sagt meine Tochter jeden Abend am Telefon: Fass dir bloß nicht dauernd ins Gesicht, Mutter. Dabei hat sie seit zwei Wochen meine Wohnung nicht mehr betreten. Sie stellt mir Essen vor die Tür. Ich habe mein Leben lang besser gekocht als sie, und jetzt muss ich mir tagtäglich ihr Essen über die Schwelle ziehen. Gott sei Dank kann ich mich noch bücken. Ich hebe den Deckel der Plastikgefäße an und verziehe die Nase, an die ich mich nicht mehr fassen soll. Es riecht anders als bei mir. Sie probiert vieles aus und schiebt ihren Herd durch die Weltgeschichte. Jetzt ist sie in Indien angekommen. Das hat sie mir vorgestern am Telefon erzählt, und einen Tag später stand Indien bei mir vor der Tür. Zwei Tupperdosen mit Deckeln, eine mit Linsensuppe und eine mit rotem Hähnchen. Es hat mir geschmeckt.

Denk dran, dir die Hände zu waschen, sagt meine Tochter. An den Dosen kann das Unheil kleben. Ich wasche meine Hände. Ich wasche sie vor dem Essen, ich wasche sie nach dem Essen. Sie sind so rot wie das indische Hähnchen. Und rau wie Schmirgelpapier. So rau wie mein Herz. Noch hat niemand gesagt, dass ich mir mein Herz waschen soll. Aber ich soll in der Wohnung bleiben. Du darfst nicht nach draußen gehen, sagt meine Tochter, das Virus wartet auf alte Leute. Es hat sie besonders im Blick. Sie erklärt es mir wie einer Idiotin. Wir wollen euch schützen, sagt meine Tochter. Alle wollen uns schützen, alle wollen, dass wir uns schützen lassen wollen, dass wir dankbar sind für den ganzen Schützenverein.

Ich wasche mir meine Hände, aber ich bin nicht dankbar, ganz im Gegenteil. Ich bin empört, und ich bestehe immer noch darauf, mein Verfallsdatum selber festzulegen. Ich bin der festen Überzeugung, dass ich jedes Recht dazu habe. Ich habe das auch schon mehrfach mit Gott verhandelt. Als wir das letzte Mal miteinander sprachen und ich ihm erklärt habe, dass ich trotz meiner neunundachtzig Jahre noch ein bisschen Zeit verdiene, hat er leise mit dem Kopf geschüttelt. Aber ich lebe noch, also wird er es sich überlegt haben. Und so bin ich ihm dankbar, meinem Gott, an dessen Leine ich laufe. Ich bin erst spät wieder zu ihm zurückgekommen, und er kennt mich und meine Gründe. Wir beide haben doch nicht Hitler und die Lager überlebt, um jetzt in die Knie zu gehen.

Ende Januar. Der Bundespräsident hatte mich eingeladen, ihn dorthin zu begleiten. Aber ich wollte nicht. Dieser 27. Januar sollte ein ruhiger Tag sein. Ich würde den Bildern aus meiner Kindheit erlauben, in mir hochzusteigen, ich würde die Augen schließen und die Stimmen meiner Lieben hören, die in mir zwitschern wie Vögel, und immer kleiner und leiser werden so wie die Jahre, die noch vor mir liegen. Und natürlich würden auch die Geräusche von dort zu mir dringen, von dort, wo ihr Leben endete und wo ich herausgekommen bin, ich weiß nicht wie und ich weiß nicht warum. Ich habe das Wort »Lebensabend« nie verstehen wollen. Und ich habe nie akzeptiert, dass andere Menschen mich in diesen Abend einsperren, wie ein altes Möbelstück in einen dunklen muffigen Keller.

Irgendwann begann mein Schwiegersohn, mich mit »Oma« anzusprechen, mich, die er vorher über Jahrzehnte »Mutter« genannt hatte. Mir wäre immer am liebsten gewesen, wenn er mich mit meinem Vornamen angesprochen hätte, aber diese Souveränität war ihm nie gegeben. Er ist ein stiller und dünner Mensch, der meine Tochter mit ehrfürchtigem Staunen zu ihren Kochkünsten beglückwünscht, egal, wo auf der Erde sie ihren Herd gerade aufgestellt hat. Es hätte schlimmer kommen können. Im Großen und Ganzen ist sie gut mit ihm gefahren. Aber die Oma habe ich mir verbeten.

Was wiegt mein Leben noch, was bin ich wert? Ich habe mich nie darum geschert, was andere Menschen über mich denken. Meinen Unterarm mit der Nummer habe ich nicht verhüllt, wie manch andere von uns. Auch mein Unterarm hatte jedes Recht, den Frühling und den Sommer zu spüren. Es gibt Tage, an denen ich weniger wiege als eine Fliege, und es gibt Tage, an denen die Last meines Gewichts mich zu Boden zu drücken scheint. Dann wiege ich für vierunddreißig aus meiner Familie und für all jene, die vor meinen Augen zum Sterben geführt worden sind und deren Namen ich nicht einmal kenne. Zwischen beiden Empfindungen bin ich mein Leben lang hin- und hergetrieben. Aber ich habe immer gewusst, dass meine Existenz eine besondere ist und ich diesem Leben verpflichtet bin. Habe ich das Leben genossen? Es gab Momente, es gab Tage, ja, es hat sie gegeben.

Ohne besonderen Anlass übergab mir meine Tochter ein dickes Buch mit rotem Einband. Auf dem Buchrücken war kein Titel zu finden, und die Seiten waren leer. Weißes, kräftiges Papier, das – typisch meine Tochter – »auf Deine Erinnerungen wartet«. Ein albernes Geschenk. Ich habe es in meinen Bücherschrank gestellt und zu vergessen versucht, aber der rote Einband stach mir über die Jahre immer wieder in die Augen und zwang mich, an die weißen Seiten zu denken, die auf mich warteten.

Und auch an jenen Tag erinnere ich mich, an dem ich mit meinen Enkeln ins Kino gegangen bin. Beide wollten den damals schon älteren Film wegen der Musik und wegen des Sängers sehen. Ich habe seinen Namen vergessen. Sie rutschten zu den Liedern auf ihren Kinosesseln herum und ballten die Fäuste vor Vergnügen. Bei jeder ihrer Bewegungen stieg der Staub vieler Jahre aus den Polstern empor und tanzte vor dem Licht des Projektors. Der Inhalt des Films interessierte sie kaum. Eine langsame Erzählung einer verrückten Alten, die in eine Liebesgeschichte mit einem jungen Mann aus einem reichen und gefühlskalten Elternhaus hineingerät. Sie lernen sich auf einem Friedhof kennen. Wie gesagt, eine verrückte Geschichte. Und während meine Enkel sich jedes Mal nach vorne lehnten, wenn die Musik loslegte, setzte ich mich immer gerader hin, um ja nichts zu verpassen. Die Sätze der alten Frau, ihr Mut und ihre unerschrockene Art, im Leben herumzugehen, als gehöre ihr das ganze Haus – das beeindruckte, ja berührte mich sehr und erinnerte mich an die Person, die ich gerne sein wollte. Und doch erkannte ich die ganze Wahrheit erst, als Maud, die alte Frau im Film, das Verlobungsgeschenk ihres jungen Geliebten ins Wasser wirft und die Kamera vielleicht drei Sekunden auf ihrem Unterarm stehen bleibt. Ihr Unterarm war wie meiner, und ich begann zu weinen. Was hast du gesehen, Omi, hat meine Enkelin mich gefragt. Und mein Enkel sagte zu ihr: Sei nicht blöd, sie weint wegen der Musik. In Wirklichkeit aber weinte ich, weil Maud und ich uns heute so unverhofft begegnet waren und weil sie zu mir gehörte wie das Glück meiner Enkelkinder und die Nummer auf unserem Arm.

Sie ahnen es, jetzt, wo alles anders ist, habe ich das Buch hervorgeholt, den Staub abgewischt und begonnen, meine

Gedanken und manche Erinnerungen niederzuschreiben, siehe oben. Ich habe einen Stuhl zum Fenster gerückt und zwischen dem Flattern in meinem Gehirn und schläfrigen Momenten, die sich immer öfter über meine Augen legen, stehe ich hinter dem Stuhl, die rot geschrubbten Hände auf die Lehne aufgestützt, und ich beobachte die Straße und die Menschen, die auf den Bürgersteigen an mir vorüberziehen. Man sieht ihnen an, dass jetzt sie verwirrt und unruhig sind. Aufgeschreckt, wie wir damals, halten sie Abstand und suchen ihre Umgebung nach verdächtigen Menschen ab. In ihren Köpfen stecken die Gedanken wie Steine im Schuh.

Meine Fenster sind älter als ich. Es zieht, und der Juni ist noch kühl. Als ich gestern mit meiner grauen Strickjacke am Fenster stand, klingelte mein Handy. Es ist ein Gerät für alte Leute mit Ziffern, die so groß sind wie Ein-Euro-Stücke. Auch ein Geschenk meiner Tochter. Es gibt kaum einen Teil meines Körpers, den ich tagsüber nicht spüre, aber kurzsichtig bin ich nicht. Ich stehe gegenüber, sagte meine Tochter. Ich winkte. Sie stand auf dem Bürgersteig zwischen dem Orthopädiezentrum und der Glaserwerkstatt und wedelte mit der linken Hand über die Straße hinweg, als wolle sie die ganze Welt durcheinanderbringen. Mit der rechten Hand presste sie ihr Telefon ans Ohr. Sie hört schwer. Hast du eine Strickjacke an?, tönte es aus dem Telefon. Ja, sagte ich. Deine Fenster ziehen, sagte sie. Ich weiß. Wie du da stehst, sagte meine Tochter. Wie eine Nemesis, mit der grauen Jacke. Und zum Schluss: Wir sind alle ok. Ich auch, sagte ich, aber sie steckte das Telefon schon in die Handtasche und winkte nur noch wie von einem Schiff, das sich langsam vom Ufer entfernt.

Ich habe ihr hinterhergeblickt, wie sie sich zügig Richtung Kurfürstendamm bewegte und mit jedem Schritt, der sie weiter von mir forttrug, wuchs die Zärtlichkeit der Erinnerung an dieses Wunder, das meine Tochter als Neugeborenes gewesen war. Nie sind wir voneinander losgekommen, so sehr wir beide uns auch bemüht haben.

Nein, eine Nemesis bin ich nicht. Ich weiß, dass sich meine Tochter nach diesem Satz am Telefon zwei Vorwürfe gemacht hat. Der erste Vorwurf betrifft ihre Vermutung, ich wisse nicht, wer oder was eine Nemesis sei, und sie habe mich mit ihrer Bildung beschämt. Der zweite Vorwurf liegt in der Vermutung begründet, ich wisse doch, dass die Nemesis eine Rachegöttin sei und der von ihr gezogene Vergleich habe mich verletzt. Abgesehen davon, dass sie bereits dreimal versucht hat, meine graue Strickjacke zu entsorgen, und sie jedes Mal pampig reagiert, wenn ich diese Jacke trage, bin ich durch den Vergleich mit einer Nemesis nicht beleidigt. Ganz einfach, weil er mich nicht betrifft. Ich kann es mir selbst nicht erklären, aber ich habe schnell verstanden, dass der Hass mich lebenslang einsperren würde, und so habe ich auch den Durst nach Rache sehr früh aus meinem Leben verbannt. Wie hätte ich sonst unter ihnen leben können? Ich wollte, dass die Mörder bestraft werden und dass die Menschheit sie ächtet. Und ich dachte, ich und mein Unterarm wären ein lebender Garantieschein in dieser Welt, damit sie bloß nicht vergessen und auf sich und die anderen aufpassen. Nichts davon ist gelungen. Ich habe den armen Kerl in Amerika am Boden liegen sehen, das Gesicht des Polizisten, der auf seinem Hals kniet. Ich habe dieses Gesicht sofort wiedererkannt. Es war auch dort, wo ich auf dem Boden gelegen habe vor langer Zeit. Ich würde es überall auf der Welt wiedererkennen. Aber noch immer hasse ich nicht. Auch meine Mutter und mein Vater hätten sich jeden Hass verbeten, sie haben uns zur Liebe erzogen. Das Unglück, das uns allen unter den Deutschen widerfahren ist, war für sie gar nicht vorstellbar. Es hat bis zum Schluss nicht in ihre Welt hineingepasst, wie hasserfüllt, böse oder gleichgültig diese Menschen waren, die sie doch so gut zu kennen geglaubt hatten. Nur meine Trauer wächst. Jeden Morgen tauche ich auf aus einem Meer aus Traurigkeit, wenn ich an sie denke, und nur durch die Erinnerung an sie und durch meine Tochter bin ich nicht im Leben ertr

Das rote Buch fand ich im Wohnzimmer meiner Mutter. Es lag unter ihr. Sie muss es in der Hand gehalten haben, als sie zu Boden gestürzt ist. Der Notarzt hat einen plötzlichen Herztod bestätigt. Sie hat nicht gelitten und soll nicht länger als fünf Stunden tot gewesen sein, bevor ich sie gefunden habe. Ich habe es gleich gewusst, schon als sie am Telefon nicht geantwortet hat, und als ich die Wohnungstür mit meinem Zweitschlüssel geöffnet habe, ist der Schmerz über mich hergefallen wie ein bissiger Hund. Ich habe ihre Hand gehalten, während ich auf dem Boden gesessen und all diese Sätze gelesen habe. Ich wollte weinen aber stattdessen begann es in mir zu brennen: Warum ist sie fortgegangen? Warum lässt sie mich allein? Und ich wollte das Fenster aufreißen und auf die Straße hinunterschreien: Warum hast du sie sterben lassen? Warum habt ihr ihr das angetan?

Nachwort

Ein heißer Septembertag 2011: Ein Restaurant in En Kerem, vor den Toren Jerusalems: Felix isst langsam. Unendlich sorgsam entfernt er Gräte um Gräte von seiner Forelle, schabt sie mit dem Messer ab, schiebt mit einer Bewegung, der alle mit den Augen folgen, das Fleisch hinüber zum Reis und dann die aufgetürmte Gabel zum Mund. Unsere Teller sind längst leer, der Espresso ist ausgetrunken, die Raucher haben draußen schon die dritte Zigarette geraucht, der Busfahrer hat sich in den Bus zurückgezogen, auf seinem Fahrersitz nach hinten gelehnt, versucht er sich resigniert an einem Mittagsschlaf. Auch die Fliegen hat die Müdigkeit überkommen, bewegungslos hängen sie an der Wand des Restaurants, obwohl der Teller von Felix noch halb voll ist. Niemand drängt, alle beobachten Felix lächelnd und liebevoll. Ihr wisst doch, es bleibt nichts auf dem Teller, sagt Felix. Alle nicken: Es bleibt nichts auf dem Teller. Was für einen Teller hattet ihr?, fragt Noah. Und jeder erzählt von seinem Teller: Die meisten waren aus Blech, manche hatten welche aus Holz, und Kazik fällt Alex, der Berliner Jude aus seiner Baracke ein, dem von einem anderen der Löffel gestohlen worden war, obwohl er ihn doch so gut versteckt hatte. Wie ein Hund, hat Alex gesagt, als er über dem Teller hing und die dünne Suppe schlürfte. Wie ein Hund. Alle nicken und Felix isst. Der Busfahrer schnarcht.

Ich habe viele solcher Situationen wie die obige erlebt, ob in Warschau, Prag, New York, Budapest, Paris, Brüssel oder Berlin oder auch in Luxemburg, Detmold, Lüneburg, Danzig und Oświęcim. Den Überlebenden zuzuhören, dabei sein zu dürfen, wenn sie in den Tiefen ihrer Erinnerungen unterwegs sind, ist mir immer eine Ehre gewesen. Ich weiß genau, ihr einziger Trost, ihr Halt und ihre Freude in diesen Momenten sind die anderen am Tisch, die auch dort waren: Mit ihnen allen zu arbeiten, zu leben und ihren Weg teilen zu dürfen, das war für mich als Deutscher jedes Mal aufs Neue ein Vertrauensbeweis, bei dem mir manchmal der Atem stockte. Aber immer war ich mir der Bedeutung dieses Geschenks bewusst, und so ist es bis heute geblieben. Längst habe ich mich an die Hände gewöhnt, die mit den Gabeln über den Tisch rudern und sich selbstverständlich von meinem und vom Teller der anderen bedienen: Essen wird geteilt, so schwer es auch ist, und so ist es ihnen in Fleisch und Blut übergegangen. Wir haben doch Disziplin gelernt, sagt Dorota: Ungeheure Disziplin war nötig, um das kleine Stück Brot nicht gleich zu verschlingen, sondern es einzuteilen für den eigenen großen und immerwährenden Hunger und dann auch noch mit denen zu teilen, die schon sterbenshungrig waren.

Zeitzeugengespräche stehen jedes Mal vor ihnen wie ein Berg, lieber eine Woche Krankenhaus als ein Gespräch über meine Zeit in Auschwitz, sagt Edward, der als polnischer Rom im Lager war: Mir ist Tage davor schlecht und Tage danach, aber ich weiß, dass ich sprechen muss und deshalb lehnt er keine Anfrage aus der Jugendbegegnungsstätte in Oświęcim ab. So wie ihm geht es den meisten der Überlebenden, niemand von ihnen ist ein Auschwitz-Routinier, niemand genießt die Rolle des Auschwitz-Experten, niemand von ihnen will sich damit brüsten, dem Tod entronnen zu sein. Ganz im Gegenteil: Es belastet sie, am Leben geblieben zu sein, sind sie doch oft die einzigen Übriggebliebenen ihrer großen Familien. Am liebsten sprechen sie mit Jugendlichen. Sie lernen doch hoffentlich, auf sich und die anderen Menschen aufzupassen und nicht auf Rechtsextreme oder die Dummheit und den Hass des Antisemitismus hereinzufallen.

Manche von ihnen erzählen sachlich und distanziert, so als sprächen sie über die Punischen Kriege, ihre Ursachen und ihre Auswirkungen. Manche bringen Fotokopien von Dokumenten mit, die sie in Klarsichthüllen gesteckt haben und herumreichen. Sind Sie das auf dem Foto?, fragt eine der Jugendlichen, als sie die Häftlingskarteikarte durch die Plastikhülle betrachtet, und Kazimir zuckt schuldbewusst mit den Schultern: Ja, das ist meine Karte. Ich spüre, wie er sich zurückzieht, er will nicht über sich sprechen, er will über die anderen sprechen, über die, die nicht mehr sprechen können. Scheu mustern ihn die Jugendlichen, die im Kreis um ihn herumsitzen. In den letzten Tagen haben sie mehrfach den Ort besichtigt, an dem Kazimir gewesen ist, als er so jung war wie sie.

Dorota ist scheu. Sie weiß, dass es wichtig ist, dass Überlebende erzählen, aber sie weiß auch, wie weh es tut und welche Macht die Bilder haben, wenn man sie zu Wort kommen lässt. Die Verzweiflung in ihr schläft nie, aber sie gehört nur ihr und all denen, die auch dort waren. Jetzt gibt sie ihrem Mann einen kleinen Stups mit dem Ellenbogen. Lass das, Heniek!, versucht sie zu flüstern, es sind doch Kinder. Sie will nicht, dass ihr Mann die Geschichte erzählt, auf die er gerade zusteuert. Sie ist so wahr wie sie entsetzlich ist, und eigentlich kann man nach dem Hören dieser Geschichte, die mir beide vor etlichen Jahren in einem Hotelrestaurant in Warschau erzählten, als alle anderen Gäste schon gegangen waren und die Kellner demonstrativ gähnend darauf warteten, dass auch wir uns bewegten, nur aufschreien, um dann für lange Zeit zu verstummen. Die Kinder, die Dorota und ihrem Mann heute zuhören, sind 18 Jahre alt, junge Erwachsene aus Deutschland und Polen, selbstsicher, dem Leben zugewandt, sie glauben, jeder Situation gewachsen zu sein, nichts kann sie überraschen. Sie haben Dorotas Satz gehört, und jetzt haben manche von ihnen Tränen in den Augen.

Noah ist ein Beißer. Er kommt nicht gerne zurück an diesen Ort, an dem er sich als Boxer ausgegeben hat und der früher einmal Auschwitz hieß. Das spürt man in jeder Minute, und er lässt es einen auch in jeder Minute spüren. Heute früh ist er noch direkter als sonst: Was ist das hier für eine Scheiße?, fragt er mich auf dem Weg zum Frühstück. Mir ist der Duschkopf auf den Schädel gefallen. Gibt es hier kein vernünftiges Hotel, in dem ihr uns unterbringen könnt? Ich habe längst gelernt, dass es für Noah vergnüglicher ist, wenn man zurückbeißt: Das fährt seinen Blutdruck hoch und bringt Spannung in den Tag. In den Hotels sind nur alte Leute, so wie du, sage ich. Das hier ist eine Jugendbegegnungsstätte und kein Luxushotel, hier gibt es junge Leute inklusive. Und abgefallene Duschköpfe, sagt Noah, das letzte Wort gehört immer ihm, aber er lächelt schon. Nach dem Frühstück stelle ich ihm die Gruppe Jugendlicher vor, die abends mit ihm sprechen will. Jana hat einen roten Kopf vor Aufregung, sie hat Noah gegoogelt und jetzt tritt sie ganz nah an ihn heran und sagt: Ich bin Jana und ich boxe auch. Noah mustert das junge Mädchen, ihre über und über tätowierten Arme. Ich habe aber nur eine Tätowierung, sagt er zu ihr und der Gruppe gewandt, die nicht weiß, wie sie jetzt auf diesen kleinen, großen Menschen und seinen Satz reagieren soll: Hat er einen Witz gemacht? Sollen sie lachen, dürfen sie lachen? Noah schmunzelt, Ziel erreicht: Lasst mal, sagt er, heute Abend erzähle ich euch alles.

Zofia ist fertig. Fast zwei Stunden hat das Gespräch in der Bibliothek gedauert und wieder, wie schon so oft vorher, waren die Jugendlichen im Kreis um sie versammelt. Diese Gespräche mit den Jugendlichen geben meinem Leben einen Sinn, sagt Zofia, als wir danach alle in der Cafeteria sitzen, nie hätte ich gedacht, einmal gerne hierher zu fahren. Jetzt will sie, dass die Jugendlichen etwas singen, doch noch bevor die Jugendlichen sich auf ein Lied geeinigt haben, stimmt sie mit der brüchigen Stimme einer über Neunzigjährigen einen der Schlager an, die ihre Jugend nach dem Lager geprägt haben. Die Jugendlichen staunen. Es folgt der nächste Schlag: Kann jemand ein Gedicht aufsagen? Und in die lähmende Stille hinein zitiert sie Heinrich Heine:

»Nach Frankreich zogen zwei Grenadier',
die waren in Russland gefangen.
Und als sie kamen ins deutsche Quartier,
Sie ließen die Köpfe hangen.«

Es folgen alle Strophen, auf Deutsch, die Jugendlichen lächeln und am Ende klatschen sie wie befreit. Zofia, Journalistin, Schriftstellerin und in der Welt bekannt, legt mir die Hand auf den Arm und flüstert: Das musst du jetzt alles aufschreiben.

Aus Situationen wie diesen sind die Geschichten entstanden, die ich hier erzähle und auch die, die ich noch erzählen werde. Das wollte ich bloß sagen.

Christoph Heubner,
Februar 2021

Christoph Heubner, geboren 1949, ist Schriftsteller und Exekutiv-Vizepräsident des Internationalen Auschwitz-Komitees. 2019 erschien sein Erzählband *Ich sehe Hunde, die an der Leine reißen.*

Erste Auflage 2021

Das Zitat von Theodor Storm stammt aus dem Gedicht »Meeresstrand« in Theodor Storm, *Gedichte*, Insel Verlag 1983.

Lektorat: Daniel Frisch
Buchgestaltung: Rahel Bünter / Steidl Design
Umschlaggestaltung: Paloma Tarrío Alves und Rahel Bünter / Steidl Design

Gesamtherstellung und Druck: Steidl, Göttingen

Steidl
Düstere Straße 4 / 37073 Göttingen
Tel. +49 551 60 60
mail@steidl.de
steidl.de

ISBN 978-3-95829-937-5
Printed in Germany by Steidl

Auch als eBook erhältlich